Learn German with Tech Talk

A2 Level German for IT Professionals

Brian Smith

Introduction   **6**

Purpose and target audience of the book

How to use the book effectively for IT professionals

with basic German knowledge

Brief overview of the German tech industry

Chapter 1: Review of German Language Basics

Quick refresher on essential German grammar
relevant to a professional setting   7

Common phrases and greetings in a business context   9

Tips for effective communication in a
German-speaking tech environment   11

Chapter 2: Technology-Specific Vocabulary

List of key technical terms in German   13

Das Abenteuer in der Technikwelt   14

Die Reise in die Technikwelt   22

German equivalents of common tech jargon and acronyms 35

Das Rätsel der Technologie   37

Differences and similarities in tech vocabulary
between English and German   48

Chapter 3: The German Tech Workspace

Language for everyday situations in the tech office   51

Eine Abenteuerliche Reise im Büro   54

Professional email and communication
etiquette in German   64

Beispiel-E-Mails auf Deutsch (A2-Niveau)   67

Remote work and digital collaboration terminology   69

Das digitale Abenteuer von Max   71

Chapter 4: Inside the German Tech Industry

Overview of key tech hubs in Germany   80

Profiles of major tech companies and startups in
German-speaking regions   83

Understanding German workplace culture in
the tech sector   85

Aus Amerika nach Berlin   87

Chapter 5: Engaging in Technical Discussions

Role-specific language and dialogues   97

Neue Projekte   100

Techniques for discussing complex tech concepts
in German   110

Beispielgespräch in einem IT-Unternehmen   113

Real-world case studies and examples from
the German tech industry   115

Chapter 6: Career Growth in the German Tech World

Language for job interviews, networking, and
career development in tech   118

Beispiel für ein Bewerbungsgespräch auf Deutsch   119

Beispiel für ein Networking-Gespräch auf Deutsch   121

Eine Geschichte über Karriereentwicklung   123

Guidelines for creating a compelling tech CV and
cover letter in German   126

Phrases for discussing career goals, job roles, and
professional achievements   129

Gespräch zwischen Lena und ihrem Kollegen Max bei

einer Netzwerkveranstaltung in der Tech-Branche   132

Chapter 7: Keeping Abreast with Tech Innovations

Vocabulary for emerging technologies and trends   134

Gespräch zwischen Tom und Lisa bei
einem Tech-Meetup 135

Guide to reading and interpreting German tech news
and publications 137

Gespräch zwischen Jonas und Maria über das
Lesen deutscher Tech-Nachrichten 138

Joining tech discussions in German online forums and
communities 141

Gespräch zwischen Erik und Julia über die Teilnahme in
deutschen Tech-Foren 143

Chapter 8: Advanced Learning and Immersion Tools

Recommendations for German tech blogs,
podcasts, and vlogs 145

Information about tech meetups, workshops, and
conferences for language immersion 148

Advanced online platforms and apps for refining
German language skills 151

Conclusion

Strategies for continual improvement in
tech-related German 154

Encouraging active participation in German
tech communities 157

Recap of the key tools and methods for
language advancement 160

Introduction

Tech Talk: German for IT Professionals

Purpose and Target Audience of the Book

Tech Talk is a specialized guide designed for IT professionals who possess a basic understanding of the German language and wish to deepen their proficiency within the context of the technology sector. This book is ideal for those seeking to navigate the German tech industry more effectively, whether they are working in Germany, collaborating with German-speaking colleagues, or engaging with German tech literature and media.

How to Use the Book Effectively

To maximize the benefits of this book, readers with foundational German skills are encouraged to approach it as both a reference and a practical workbook. Each chapter focuses on different aspects of the IT world and presents specialized vocabulary, real-world dialogues, and stories. Active participation, such as practicing phrases and learning expressions by heart, will greatly enhance the learning experience. It's also recommended to supplement the book's content with immersion in German tech environments, whether online or in-person.

Brief Overview of the German Tech Industry

Germany's tech industry is a dynamic and influential sector globally, renowned for its innovation, precision, and cutting-edge developments. Key tech hubs like Berlin, Munich, and Hamburg are home to a diverse array of companies, from established giants to vibrant startups. The industry is characterized by its focus on engineering excellence, digital transformation, and emerging technologies such as AI, IoT, and blockchain. Understanding the nuances of this industry not only requires technical expertise but also a cultural and linguistic grasp of the German tech ecosystem. This book aims to bridge that gap, offering insights into the language and culture that drive German tech success.

Chapter 1: Review of German Language Basics

Quick Refresher on Essential German Grammar Relevant to a Professional Setting

1. Basic Sentence Structure:

Understanding the typical subject-verb-object (SVO) order in German is crucial, but it's important to note that German sentence structure can be flexible, especially in complex sentences. For instance, in subordinate clauses, the verb often moves to the end of the sentence. This flexibility can be particularly relevant in formal reports or technical documents, where complex sentence structures are more common.

Example:

- Standard SVO: „Der Manager analysiert den Bericht." (The manager analyzes the report.)

- Complex Sentence: „Obwohl der Manager beschäftigt ist, analysiert er den Bericht." (Although the manager is busy, he analyzes the report.)

2. Key Verb Conjugations:

Focusing on verbs commonly used in professional settings, especially modal verbs (like „können" for „can" or „müssen" for „must"), is essential. These verbs are frequently used to express necessity, ability, or permission, which are common in workplace conversations and emails.

Example:

- „Wir müssen die Software aktualisieren." (We must update the software.)

- „Können Sie die Daten überprüfen?" (Can you check the data?)

3. Nouns and Articles:

German nouns have three genders: masculine, feminine, and neuter, each with corresponding definite articles („der" for masculine, „die" for feminine, and „das" for neuter). Indefinite articles also change accordingly („ein," „eine"). Knowing the correct article for each noun is important, as it affects the case endings of adjectives and pronouns in sentences.

Example:

- „Der Computer" (The computer - masculine)
- „Eine Anwendung" (An application - feminine)

4. Professional Pronouns:

In German, the formal „Sie" is typically used in professional settings, whereas the informal „du" is reserved for close colleagues or in more relaxed work environments. It's crucial to address colleagues, superiors, and clients appropriately.

Example:

- Formal: „Könnten Sie mir helfen?" (Could you help me?)
- Informal: „Kannst du mir helfen?" (Can you help me?)

5. Adjectives and Adverbs:

Using adjectives and adverbs effectively can enhance communication, especially when describing technical processes or issues. Adjectives in German change their endings based on the gender, number, and case of the noun they describe. Adverbs, however, remain unchanged and can modify verbs, adjectives, or other adverbs, adding clarity and detail to descriptions.

Example:

- Adjective: „Ein schneller Prozessor" (A fast processor)
- Adverb: „Der Prozessor läuft schnell." (The processor runs fast.)

Common Phrases and Greetings in a Business Context

1. Formal Greetings:

In a German business setting, it's important to use formal greetings, especially when addressing superiors or unfamiliar colleagues. In emails, greetings like „Sehr geehrte Frau [Last Name]" (Dear Ms. [Last Name]) or „Sehr geehrter Herr [Last Name]" (Dear Mr. [Last Name]) are customary. In face-to-face meetings, a simple „Guten Morgen" (Good morning), „Guten Tag" (Good day), or „Guten Abend" (Good evening) followed by the person's title and surname is appropriate.

Example:

- Email: „Sehr geehrter Herr Müller, ..." (Dear Mr. Müller, ...)
- Meeting: „Guten Tag, Frau Schmidt." (Good day, Ms. Schmidt.)

2. Introducing Oneself and Others:

Self-introductions should be formal and concise. A common way to introduce oneself is by saying „Mein Name ist [Name], ich bin [Position/Profession]" (My name is [Name], I am a [Position/Profession]). When introducing others, use their full name and position, like „Das ist Herr/Frau [Last Name], [Position]" (This is Mr./Ms. [Last Name], [Position]).

Example:

- Self: „Mein Name ist Max Weber, ich bin Softwareentwickler." (My name is Max Weber, I am a software developer.)
- Others: „Das ist Frau Bauer, unsere Projektleiterin." (This is Ms. Bauer, our project manager.)

3. Common Workplace Expressions:

In meetings and office conversations, common expressions can include phrases like „Können wir beginnen?" (Can we start?), „Ich stimme zu" (I agree), or „Ich habe eine Frage" (I have a question). These phrases help facilitate smooth communication during professional interactions.

Example:

- „Sollten wir nicht besser..." (Shouldn't we rather...)
- „Wie denken Sie darüber?" (What do you think about it?)

4. Making Requests and Offers:

When making requests or offers in German, politeness is key. Phrases like „Könnten Sie bitte...?" (Could you please...?) or „Darf ich Ihnen helfen?" (May I help you?) are polite and respectful ways to communicate in a professional environment.

Example:

- Request: „Könnten Sie mir bitte die Datei senden?" (Could you please send me the file?)
- Offer: „Ich kann Ihnen dabei helfen, das Problem zu lösen." (I can help you solve the problem.)

5. Thanking and Apologizing:

Expressing gratitude and apologies appropriately is vital in maintaining professionalism. Use „Danke für..." (Thank you for...) to show gratitude and „Es tut mir leid" (I am sorry) or „Entschuldigung für..." (Sorry for...) for apologies.

Example:

- Thanking: „Danke für Ihre Hilfe." (Thank you for your help.)
- Apologizing: „Es tut mir leid für die Verzögerung." (I am sorry for the delay.)

Mastering these common phrases and greetings is essential for effective and courteous communication in a German business setting. They help in building a professional rapport and facilitate smoother interactions in the workplace.

Tips for Effective Communication in a German-Speaking Tech Environment

1. Cultural Nuances:

Understanding the cultural aspects of communication in a German workplace is crucial for effective interaction. German business culture values directness and clarity in communication, which means being straightforward and to the point is often appreciated. However, this directness is balanced with a high level of formality, especially in initial meetings or with higher-ranking professionals. It's important to address people with their proper titles and last names unless invited to do otherwise. Additionally, punctuality is highly valued in German culture, reflecting respect and professionalism.

2. Email Etiquette:

Emails in a German business context are formal and structured. They typically begin with a formal greeting, followed by a clear and concise message body, and end with a formal closing. Phrases like „Sehr geehrte/r [Title] [Last Name]," are common for greetings, and „Mit freundlichen Grüßen" (With kind regards) for closings. The main content of the email should be direct and to the point, clearly stating the purpose of the email.

Example:

- Beginning: „Sehr geehrter Herr Schmidt,"
- Ending: „Ich freue mich auf Ihre Antwort. Mit freundlichen Grüßen, [Your Name]"

3. Participating in Meetings:

Effective participation in meetings involves not only understanding the language but also the meeting structure and expectations. It's important to listen attentively and wait for the appropriate time to speak. Using phrases like „Darf ich etwas dazu sagen?" (May I say something about that?) can be a polite way to enter the conversation. When presenting information, clarity and precision are valued. Prepare to back up statements with facts or data, as empirical evidence is highly regarded in German business discussions.

4. Handling Technical Discussions:

When discussing technical issues, it's crucial to use precise and accurate technical vocabulary. If unsure about a term, asking for clarification is better than making an inaccurate assumption. Phrases like „Könnten Sie das bitte näher erläutern?" (Could you please explain that in more detail?) are useful. It's also common to use English technical terms interspersed with German, as many technical terms are universally recognized.

5. Building Rapport:

While German workplace culture is often formal, building rapport is still important. This can be done by showing interest in your colleague's ideas and respecting their viewpoints. Phrases like „Das ist ein interessanter Punkt." (That is an interesting point.) or „Ich schätze Ihre Expertise." (I appreciate your expertise.) can foster a positive and respectful working environment. Additionally, engaging in small talk before or after meetings can also be a good way to build relationships, though the topics should remain professional and non-intrusive.

Effective communication in a German-speaking tech environment is not just about language proficiency but also understanding and adapting to cultural norms, formalities, and workplace expectations. These tips provide a foundation for navigating communication in such settings more successfully.

Chapter 2: Technology-Specific Vocabulary

List of Key Technical Terms in German (Software, Hardware, Networking, etc.)

Software:

- **Application (Anwendung):** A program or group of programs designed for end-users.

- **Database (Datenbank):** A structured set of data held in a computer.

- **Algorithm (Algorithmus):** A process or set of rules to be followed in calculations.

- **Bug (Fehler):** An error, flaw or fault in a computer program.

- **Source Code (Quellcode):** The fundamental component of a computer program created by a programmer.

Hardware:

- **Computer (Computer):** An electronic device for storing and processing data.

- **Processor (Prozessor):** The central unit in a computer that performs instructions.

- **Hard Drive (Festplatte):** The primary storage device of a computer.

- **Motherboard (Hauptplatine):** The main printed circuit board in a computer.

- **RAM (Arbeitsspeicher):** Random Access Memory, a form of computer memory.

Networking:

- **Router (Router):** A networking device that forwards data packets.

- **Server (Server):** A computer or system that provides resources, data, services, or programs.

- **Firewall (Firewall):** A network security system.

- **LAN (LAN, lokales Netzwerk):** Local Area Network, a computer network that interconnects within a limited area.

- **IP Address (IP-Adresse):** A unique address that identifies a device on the internet or a local network.

General Tech Terms:

- **User Interface (Benutzeroberfläche):** The means by which the user interacts with a system.

- **Cloud Computing (Cloud-Computing):** Internet-based computing that provides shared processing resources and data.

- **Encryption (Verschlüsselung):** The process of converting information or data into a code to prevent unauthorized access.

- **Artificial Intelligence (Künstliche Intelligenz):** The simulation of human intelligence processes by machines.

- **Big Data (Big Data):** Large sets of data that can be analyzed to reveal patterns and trends.

Das Abenteuer in der Technikwelt

1. Ein neuer Job

Max ist sehr aufgeregt. Heute ist sein erster Tag bei einem großen Technologieunternehmen. Als er ankommt, schaut er sich um. Das Büro ist groß und die Leute sind freundlich. Max fühlt sich schon wohl.

Er bekommt seinen Arbeitsplatz gezeigt. Dort steht ein neuer, glänzender Computer. „Das ist dein Computer," sagt sein Kollege. Max freut sich. Er hat noch nie an so einem modernen Computer gearbeitet.

Während er arbeitet, findet Max einen Fehler in der Software. „Oh nein, ein Bug," denkt er. Aber Max bleibt ruhig. Er geht zu seinem Team und erzählt von dem Problem. Zusammen schauen sie in die Datenbank, um die Ursache zu finden.

Max hat eine Idee. „Vielleicht können wir einen neuen Algorithmus verwenden,“ schlägt er vor. Das Team ist einverstanden und sie probieren es aus. Sie arbeiten hart und schauen sich den Quellcode genau an. Nach einiger Zeit finden sie eine Lösung. Der Fehler ist behoben! Die Software funktioniert wieder.

Der Chef von Max kommt vorbei. Er hat von Max' Arbeit gehört. „Gute Arbeit, Max,“ sagt er. Max ist stolz und glücklich. Er hat seinem Team wirklich geholfen.

Am Ende des Tages geht Max nach Hause. Er denkt über seinen Tag nach. „Ich habe heute viel gelernt,“ sagt er sich. Max freut sich auf die Zukunft und die neuen Herausforderungen, die auf ihn warten.

1. Arbeitsplatz: Workplace
2. Datenbank: Database
3. Fehler: Error
4. Herausforderung: Challenge
5. Idee: Idea
6. Kollege: Colleague
7. Lösung: Solution
8. Problem: Problem
9. Quellcode: Source Code
10. Software: Software
11. Team: Team
12. Ursache: Cause
13. Zukunft: Future

2. Das große Projekt

Max ist jetzt schon einige Wochen in seinem neuen Job und fühlt sich wohl. Heute beginnt er ein großes IT-Projekt. Er ist ein bisschen nervös, aber auch sehr aufgeregt.

Er trifft sein Team. Alle sind sehr erfahren und freundlich. „Wir schaffen das zusammen,“ sagt einer der Kollegen. Das gibt Max Vertrauen.

Zuerst besprechen sie den Prozessor. „Welcher Prozessor ist der beste für unser Projekt?" fragen sie. Sie diskutieren und entscheiden sich für einen starken Prozessor. Dann geht es um die Festplatte. „Wir brauchen viel Speicherplatz," sagt Max. Das Team wählt eine große Festplatte aus.

Als Nächstes sprechen sie über die Hauptplatine. Sie ist sehr wichtig für den Computer. Nach einer langen Diskussion wählen sie eine aus. Max lernt viel über die Hauptplatine und den Arbeitsspeicher. „Ohne genug RAM ist der Computer langsam," erklärt ein Kollege.

Jetzt beginnt der spannende Teil: der Zusammenbau. Sie arbeiten Hand in Hand. Max fühlt sich wie ein Ingenieur. Schließlich ist der Computer fertig. Sie testen ihn. Alles scheint gut zu funktionieren, aber dann entdecken sie ein kleines Problem.

Das Team ist nicht besorgt. Sie arbeiten zusammen und finden eine Lösung. Bald funktioniert der Computer perfekt. Max ist stolz auf das, was sie erreicht haben.

Es ist Zeit, das Projekt zu präsentieren. Max zeigt den Computer seinem Chef. Der Chef ist beeindruckt. „Gut gemacht, Team," sagt er. Alle im Team sind glücklich über das Lob.

Am Ende des Tages feiert das Team ihren Erfolg. Max fühlt sich großartig. Er hat viel gelernt und geholfen, ein tolles Projekt zu schaffen. Er freut sich schon auf das nächste Projekt.

1. Arbeitsspeicher: RAM (Random Access Memory)
2. Diskussion: Discussion
3. Erfolg: Success
4. Festplatte: Hard Drive
5. Hauptplatine: Motherboard
6. Ingenieur: Engineer
7. Kollege: Colleague
8. Lösung: Solution
9. Prozessor: Processor
10. Projekt: Project
11. RAM: RAM (Random Access Memory)

12. Speicherplatz: Storage Space
13. Team: Team
14. Zusammenbau: Assembly

3. Netzwerkarbeit

Max hat schon viel bei seiner neuen Arbeit gelernt. Heute beginnt er mit einem neuen Bereich: Netzwerkarbeit. Er ist gespannt, was er alles Neues erfahren wird.

Zuerst lernt Max über Netzwerke. „Netzwerke sind wichtig, um Computer zu verbinden," erklärt sein Kollege. Max hört aufmerksam zu. Dann kommt die erste Aufgabe: einen Router installieren. Max schaut seinem Kollegen zu und hilft ihm. „So wird das Internet verteilt," sagt der Kollege.

Als Nächstes hilft Max beim Einrichten eines Servers. „Der Server ist das Herz des Netzwerks," lernt Max. Er findet es spannend, wie alles zusammenarbeitet.

Sie sprechen auch über die Sicherheit im Netzwerk. Eine Firewall ist sehr wichtig, um Daten zu schützen. Max versteht, dass Sicherheit im Internet sehr ernst ist.

Dann verbindet Max Computer im lokalen Netzwerk, dem LAN. „Jeder Computer braucht eine eigene IP-Adresse," erklärt der Kollege. Max lernt, wie IP-Adressen funktionieren und warum sie wichtig sind.

Plötzlich gibt es ein Problem. Es gibt keine Verbindung im Netzwerk. Max ist besorgt, aber er bleibt ruhig. Er beginnt, das Problem zu analysieren. Nach einiger Zeit findet er den Fehler. Er arbeitet hart und behebt das Problem. Das Netzwerk funktioniert wieder!

Max ist stolz auf sich. Er hat viel über Netzwerke gelernt und seinem Team geholfen. Seine Kollegen loben ihn. „Gute Arbeit, Max," sagen sie.

Max fühlt sich jetzt sicherer in seiner Rolle. Er hat verstanden, wie wichtig Netzwerke sind. Am Abend verlässt Max das Büro. Er lächelt. Es war ein guter Tag. Max freut sich schon auf morgen.

1. Bereich: Area
2. Daten: Data
3. Fehler: Error
4. Firewall: Firewall
5. Installieren: Install
6. Internet: Internet
7. IP-Adresse: IP Address
8. Lokales Netzwerk: Local Network
9. Netzwerk: Network
10. Router: Router
11. Sicherheit: Security
12. Server: Server
13. Verbinden: Connect
14. Verbindung: Connection

4. Die Welt der Cloud-Technologie

Max betritt heute ein neues Gebiet bei der Arbeit: Cloud-Computing. Er hat schon viel darüber gehört und ist gespannt, mehr zu lernen.

Zuerst lernt Max, wie Cloud-Dienste funktionieren. „Cloud-Computing bedeutet, Daten und Programme über das Internet zu nutzen," erklärt sein Kollege. Max findet das sehr interessant.

Seine nächste Aufgabe ist es, an einer Benutzeroberfläche zu arbeiten. Er gestaltet, wie die Cloud-Anwendung aussieht und funktioniert. Max ist kreativ und hat viele Ideen.

Währenddessen lernt Max auch über Datensicherheit. Er erfährt, wie wichtig Verschlüsselung ist, um Informationen in der Cloud zu schützen. „Sicherheit ist sehr wichtig," denkt Max.

Bald beginnt Max mit einem neuen Projekt. Er soll mit einem Team eine Anwendung in der Cloud entwickeln. Das Team besteht aus Spezialisten für Cloud-Computing. Max ist ein bisschen nervös, aber er freut sich auf die Zusammenarbeit.

Das Projekt ist nicht einfach. Es gibt einige Herausforderungen. Aber Max bleibt positiv und sucht nach Lösungen. Mit der Zeit findet er kreative Wege, um die Probleme zu lösen.

Endlich ist das Projekt fertig. Max und sein Team haben hart gearbeitet, und jetzt funktioniert die Cloud-Anwendung perfekt. Max ist sehr stolz.

Er präsentiert die Ergebnisse seines Projekts seinem Chef. Der Chef ist beeindruckt von Max' Arbeit. „Das hast du gut gemacht, Max," sagt er. Max fühlt sich glücklich und geschätzt.

Durch dieses Projekt hat Max viel über Cloud-Computing gelernt. Er fühlt sich jetzt sicherer in seinem Job. Max sieht viele Möglichkeiten in der Cloud-Technologie für die Zukunft.

Nach einem erfolgreichen Tag geht Max zufrieden nach Hause. Er freut sich darauf, weiter an Cloud-Projekten zu arbeiten. „Das war ein toller Tag," denkt Max, als er nach Hause geht.

1. Anwendung: Application
2. Benutzeroberfläche: User Interface
3. Cloud-Anwendung: Cloud Application
4. Cloud-Computing: Cloud Computing
5. Cloud-Dienste: Cloud Services
6. Datensicherheit: Data Security
7. Daten: Data
8. Entwickeln: Develop
9. Herausforderungen: Challenges
10. Internet: Internet
11. Projekt: Project
12. Spezialisten: Specialists
13. Team: Team
14. Verschlüsselung: Encryption
15. Zusammenarbeit: Collaboration

5. Künstliche Intelligenz und Big Data

Max beginnt heute mit einem neuen, spannenden Thema bei der Arbeit: Künstliche Intelligenz (KI). Er hat schon viel darüber gehört und ist neugierig, mehr zu erfahren.

Zuerst lernt Max über verschiedene KI-Technologien. „KI kann viele Dinge machen, wie zum Beispiel sprechen oder lernen," erklärt sein Kollege. Max ist beeindruckt von den Möglichkeiten.

Dann erforscht Max Big Data. Er lernt, dass Big Data sehr große Datenmengen sind, die man analysieren kann. „Das ist wie ein riesiges Puzzle," denkt Max.

Max bekommt die Aufgabe, große Datenmengen zu analysieren. Er arbeitet mit speziellen Programmen und findet interessante Muster in den Daten. Das macht ihm Spaß.

Jetzt entwickelt Max eine eigene KI-Anwendung. Er hat viele Ideen und probiert sie aus. Die Entwicklung ist manchmal schwierig, aber Max bleibt motiviert.

Max arbeitet auch mit Datenwissenschaftlern zusammen. Sie sind Experten für Big Data und KI. Max lernt viel von ihnen und sie arbeiten gut im Team.

Das Projekt ist sehr komplex. Es gibt viele Herausforderungen, aber Max findet innovative Lösungen für die Probleme. Er denkt kreativ und findet neue Wege.

Endlich ist die KI-Anwendung fertig. Max testet sie, und sie funktioniert gut. Er ist stolz auf das, was er geschaffen hat.

Max präsentiert das Projekt seinem Chef und den Kollegen. Alle sind beeindruckt von seiner Arbeit. „Das ist eine tolle Anwendung," sagen sie. Max bekommt viel positives Feedback.

Durch dieses Projekt hat Max viel gelernt. Er ist durch die Herausforderungen gewachsen und fühlt sich jetzt viel sicherer in seiner Arbeit.

Max sieht jetzt das große Potenzial von KI und Big Data. Er denkt über die Zukunft nach und freut sich auf neue Projekte in diesem Bereich.

Das Team feiert den Erfolg des Projekts. Max ist glücklich und stolz auf seine Arbeit. Er geht mit einem Lächeln nach Hause. „Das war ein großartiger Tag," denkt er.

1. Analyse: Analysis
2. Anwendung: Application
3. Datenmengen: Data Volumes
4. Datenwissenschaftler: Data Scientists
5. Entwickeln: Develop
6. Herausforderungen: Challenges
7. Künstliche Intelligenz (KI): Artificial Intelligence (AI)
8. Muster: Patterns
9. Potenzial: Potential
10. Projekt: Project
11. Riesiges Puzzle: Huge Puzzle
12. Spezielle Programme: Special Programs
13. Technologien: Technologies

Die Reise in die Technikwelt

1. Der neue Computer

Emma hat heute ihren ersten Tag bei einem IT-Unternehmen. Sie ist aufgeregt, aber auch ein bisschen nervös. Als sie ankommt, bekommt sie gleich ihren Arbeitscomputer. Es ist ein moderner, schneller Computer. Emma freut sich, damit zu arbeiten.

Während sie sich mit der neuen Software vertraut macht, entdeckt Emma einen Fehler, einen Bug, in einem der Programme. Sie ist erst unsicher, aber dann entschließt sie sich, das Problem selbst zu lösen. Emma benutzt einen Algorithmus, um den Fehler zu beheben. Sie arbeitet sorgfältig und konzentriert.

Um mehr Informationen zu bekommen, durchsucht Emma die Datenbank. Sie findet nützliche Hinweise, die ihr helfen, das Problem besser zu verstehen. Dann analysiert sie den Quellcode des Programms. Es dauert eine Weile, aber schließlich findet sie den Fehler und behebt ihn.

Ihr Erfolg macht Emma glücklich. Sie hat nicht nur ein Problem gelöst, sondern auch viel über Software und Programmierung gelernt. Ihre Kollegen sind beeindruckt von ihrer Arbeit. Sie loben Emma und danken ihr für ihre Hilfe.

Durch diese Erfahrung wächst Emmas Wissen über Software. Sie lernt, wie wichtig jeder Teil eines Programms ist. Ihre Neugier auf technische Aspekte wird größer. Sie fühlt sich nun sicherer in ihrer Rolle und ist motiviert, noch mehr zu lernen.

Emma interessiert sich jetzt besonders für die Hardware des Computers. Sie plant, den Computer genauer zu untersuchen, um zu verstehen, wie die verschiedenen Komponenten zusammenarbeiten. Sie möchte wissen, wie der Prozessor funktioniert, wie die Daten auf der Festplatte gespeichert werden und welche Rolle die Hauptplatine spielt.

Am Ende des Tages ist Emma sehr zufrieden mit ihrer Arbeit. Sie hat ihren ersten Tag gemeistert und freut sich darauf, am nächsten Tag wiederzukommen und mehr zu lernen. Sie verlässt das Büro mit einem Lächeln und dem Wunsch, in der Welt der Technik weiter zu wachsen.

1. Algorithmus: Algorithm
2. Arbeitscomputer: Work Computer
3. Bug (software error): Bug
4. Datenbank: Database
5. Fehler: Error
6. Festplatte: Hard Drive
7. Hardware: Hardware
8. Hauptplatine: Motherboard
9. Hinweise: Clues
10. IT-Unternehmen: IT Company
11. Kollegen: Colleagues
12. Komponenten: Components
13. Programmierung: Programming
14. Prozessor: Processor
15. Quellcode: Source Code

2. Hardware-Entdeckungen

Emma hat viel Interesse an der Hardware ihres Computers entwickelt. Sie möchte verstehen, wie die verschiedenen Teile des Computers zusammenarbeiten.

Zuerst lernt Emma über den Prozessor. Der Prozessor, das Herz des Computers, ist für die Ausführung von Anweisungen zuständig. Sie ist fasziniert von seiner Geschwindigkeit und Leistung.

Dann untersucht sie die Festplatte. Emma versteht, dass die Festplatte alle Daten und Programme speichert. Sie lernt, wie Daten gespeichert und abgerufen werden.

Die Hauptplatine ist der nächste Teil, den Emma erforscht. Sie betrachtet die Hauptplatine genau und lernt, dass sie alle Teile des Computers miteinander verbindet. Sie findet es spannend, wie alles zusammenpasst.

Der Arbeitsspeicher, oder RAM, ist auch sehr interessant für Emma. Sie erforscht, wie der RAM funktioniert und wie er dem Computer hilft, schnell zu arbeiten. Emma versteht jetzt, warum genügend RAM für einen schnellen Computer wichtig ist.

Emma diskutiert ihre Entdeckungen mit ihrem Team. Sie teilt ihre Erkenntnisse und lernt von den Erfahrungen ihrer Kollegen. Ihr Wissen über Hardware wird immer besser.

Eines Tages hilft Emma bei der Reparatur eines Kollegencomputers. Sie tauscht defekte Teile aus und bekommt den Computer wieder zum Laufen. Ihre Kollegen sind beeindruckt. Die Reparatur ist ein Erfolg und Emmas Wissen wird im Team geschätzt.

Ihre Neugier wächst weiter. Jetzt möchte Emma mehr über Netzwerke lernen. Sie plant, das Unternehmensnetzwerk zu erkunden und zu verstehen, wie Computer miteinander kommunizieren.

Emma ist bereit, Neues zu lernen. Sie ist begeistert von der Technikwelt und freut sich über jede neue Entdeckung. Ihre neuen Fähigkeiten geben ihr viel Zufriedenheit. Emma ist stolz auf sich und freut sich darauf, noch mehr über die Welt der Technologie zu erfahren.

1. Anweisungen: Instructions
2. Arbeitsspeicher (RAM): RAM (Random Access Memory)
3. Ausführung: Execution
4. Daten: Data
5. Entdeckungen: Discoveries
6. Erfahrungen: Experiences
7. Festplatte: Hard Drive
8. Geschwindigkeit: Speed
9. Hauptplatine: Motherboard
10. Hardware: Hardware
11. Kollegencomputer: Colleague's Computer
12. Leistung: Performance
13. Netzwerke: Networks

14. Prozessor: Processor

15. Reparatur: Repair

16. Speichern: Store

17. Teile: Parts

18. Unternehmensnetzwerk: Company Network

3. Netzwerkabenteuer

Emma ist jetzt bereit, sich in die Welt der Netzwerke zu vertiefen. Sie beginnt damit, das Unternehmensnetzwerk zu erkunden und ist gespannt, was sie alles lernen wird.

Zuerst lernt Emma, wie ein Router funktioniert. Sie versteht, dass der Router Datenpakete an verschiedene Computer im Netzwerk weiterleitet. Es ist wie ein Postamt, das Pakete an die richtigen Adressen sendet.

Dann entdeckt Emma die Welt der Server. Sie lernt, dass ein Server Ressourcen wie Daten und Anwendungen bereitstellt. Emma ist fasziniert davon, wie Server die Arbeit im Netzwerk unterstützen.

Sicherheit ist auch ein wichtiges Thema. Emma lernt über Firewalls und wie sie das Netzwerk vor unerwünschten Zugriffen schützen. Sie versteht, dass eine starke Firewall wie eine Mauer ist, die das Netzwerk sicher hält.

Emma arbeitet auch mit dem lokalen Netzwerk, dem LAN. Sie verbindet verschiedene Computer im Büro und stellt sicher, dass sie alle gut kommunizieren können. Es ist wie das Verbinden von Punkten in einem großen Puzzle.

Ein weiteres spannendes Thema für Emma sind IP-Adressen. Sie lernt, wie jedem Gerät im Netzwerk eine einzigartige IP-Adresse zugewiesen wird. Emma findet es interessant, wie jede Adresse einem bestimmten Computer hilft, identifiziert zu werden.

Während ihrer Arbeit im Netzwerk tritt plötzlich ein Problem auf. Aber Emma bleibt ruhig. Sie arbeitet mit ihrem Team zusammen und findet eine Lösung. Gemeinsam beheben sie das Netzwerkproblem, und bald funktioniert alles wieder einwandfrei.

Durch diese Herausforderung wächst Emma. Sie fühlt sich durch das Lösen des Problems gestärkt und lernt, wie wichtig jedes Element im Netzwerk ist.

Ihr Interesse an Technologie wächst weiter. Jetzt möchte Emma mehr über Cloud-Computing erfahren. Sie plant, sich in Cloud-Technologien weiterzubilden und ihre Kenntnisse zu erweitern.

Emma ist begeistert von ihren neuen Fähigkeiten und dem Wissen, das sie erworben hat. Sie freut sich darauf, weiter zu lernen und zu wachsen. Emma ist stolz auf sich und ihre Leistungen in der Welt der Netzwerktechnologie.

1. Datenpakete: Data Packets
2. Erkunden: Explore
3. Firewall: Firewall
4. IP-Adresse: IP Address
5. LAN (lokales Netzwerk): LAN (Local Area Network)
6. Netzwerk: Network
7. Netzwerkproblem: Network Problem
8. Ressourcen: Resources
9. Router: Router
10. Server: Server
11. Sicherheit: Security
12. Team: Team
13. Technologie: Technology
14. Unternehmensnetzwerk: Company Network
15. Zugriffe: Accesses

4. Entdeckung der Cloud-Technologie

Emma taucht nun in die Welt des Cloud-Computing ein. Sie ist fasziniert von der Idee, Daten und Dienste über das Internet zugänglich zu machen.

Zuerst lernt Emma, wie Cloud-Dienste funktionieren. Sie versteht, dass Daten nicht auf ihrem lokalen Computer, sondern auf entfernten Servern gespeichert werden. Das Konzept des Zugriffs auf Daten von überall her begeistert sie.

Emma beginnt dann, an einer Cloud-Anwendung zu arbeiten. Sie entwirft die Benutzeroberfläche, sodass sie benutzerfreundlich und ansprechend ist. Sie achtet darauf, dass die Nutzer leicht finden, was sie brauchen.

Ein wichtiges Thema in der Cloud ist die Sicherheit. Emma erforscht verschiedene Verschlüsselungsmethoden, um die Daten in der Cloud zu schützen. Sie lernt, wie wichtig es ist, sensible Informationen sicher aufzubewahren.

Bald startet Emma ihr eigenes Cloud-Projekt. Sie arbeitet zusammen mit einem Team von Cloud-Spezialisten. Sie diskutieren Ideen, planen das Projekt und setzen es um.

Das Projekt ist komplex und stellt Emma vor viele Herausforderungen. Aber sie bleibt dran und findet kreative Lösungen für jedes Problem. Sie lernt, flexibel und innovativ zu denken.

Schließlich wird das Projekt erfolgreich abgeschlossen. Emma ist stolz auf das, was sie und ihr Team erreicht haben. Sie präsentiert ihre Ergebnisse ihrem Chef und dem ganzen Team. Alle sind beeindruckt von ihrer Arbeit.

Durch dieses Projekt gewinnt Emma viel Selbstvertrauen. Sie fühlt sich jetzt sicher in ihren Fähigkeiten und sieht viele Möglichkeiten in der Cloud-Technologie. Sie weiß, dass Cloud-Computing die Zukunft ist.

Am Ende des Tages geht Emma zufrieden nach Hause. Sie freut sich darauf, weiter an Cloud-Projekten zu arbeiten und ihre Kenntnisse zu erweitern. Emma weiß, dass noch viele spannende Projekte auf sie warten.

1. Anwendung: Application
2. Benutzeroberfläche: User Interface
3. Cloud-Anwendung: Cloud Application
4. Cloud-Computing: Cloud Computing
5. Cloud-Dienste: Cloud Services
6. Cloud-Projekt: Cloud Project

7. Cloud-Spezialisten: Cloud Specialists
8. Daten: Data
9. Entfernte Server: Remote Servers
10. Flexibel: Flexible
11. Herausforderungen: Challenges
12. Innovativ: Innovative
13. Nutzer: Users
14. Selbstvertrauen: Confidence
15. Sicherheit: Security
16. Speichern: Store
17. Verschlüsselungsmethoden: Encryption Methods
18. Zugriff: Access

5. Künstliche Intelligenz und Big Data

Emma beginnt nun, sich mit der Welt der Künstlichen Intelligenz (KI) zu beschäftigen. Dieses neue Feld der Technologie fasziniert sie sehr.

Sie lernt zunächst über verschiedene KI-Technologien. Emma versteht, dass KI es Computern ermöglicht, Aufgaben zu erledigen, die normalerweise menschliches Denken erfordern. Sie ist beeindruckt von den Möglichkeiten.

Ein weiterer wichtiger Bereich, den Emma erforscht, ist Big Data. Sie lernt, dass Big Data große Datenmengen sind, die analysiert werden können, um Muster und Trends zu erkennen. Das Konzept von Big Data und wie es genutzt werden kann, erscheint ihr spannend.

Emma beginnt, große Datenmengen zu analysieren. Sie nutzt verschiedene Werkzeuge und Methoden, um Einsichten aus den Daten zu gewinnen. Dieser Prozess ist komplex, aber Emma findet ihn sehr interessant.

Dann bekommt Emma die Gelegenheit, an der Entwicklung einer KI-Anwendung zu arbeiten. Sie nutzt ihr Wissen über Algorithmen und Datenanalyse, um eine Anwendung zu erstellen, die intelligente Entscheidungen treffen kann.

Während des Projekts arbeitet Emma eng mit Datenwissenschaftlern zusammen. Sie tauscht Ideen aus und lernt von ihren Kollegen. Die Zusammenarbeit im Team ist inspirierend und lehrreich für sie.

Das Projekt stellt Emma vor viele Herausforderungen. Sie muss kreativ denken und innovative Lösungen finden. Aber Emma gibt nicht auf und arbeitet hart an den Lösungen.

Schließlich ist die KI-Anwendung fertig und funktioniert gut. Emma ist stolz auf das, was sie erreicht hat. Sie präsentiert das Projekt ihrem Team und ihrem Chef. Alle sind beeindruckt von dem, was sie geschaffen hat.

Emmas Arbeit wird vom Team gelobt. Sie fühlt sich durch das positive Feedback sehr ermutigt. Durch das Projekt hat Emma viel gelernt und ist in ihrer Rolle gewachsen.

Sie erkennt das große Potenzial von KI und Big Data für die Zukunft. Emma ist begeistert von den Möglichkeiten, die diese Technologien bieten.

Das Team feiert den Erfolg des Projekts. Emma ist glücklich und zufrieden mit ihrer Leistung. Sie freut sich darauf, weiter in der Welt der KI und Big Data zu arbeiten und ihre Fähigkeiten zu erweitern. Emma ist stolz auf sich und ihre Arbeit.

1. Algorithmen: Algorithms
2. Analyse: Analysis
3. Anwendung: Application
4. Datenanalyse: Data Analysis
5. Datenmengen: Data Volumes
6. Datenwissenschaftler: Data Scientists
7. Entwicklung: Development
8. Einsichten: Insights
9. Entscheidungen: Decisions
10. Erledigen: Perform
11. Herausforderungen: Challenges
12. Künstliche Intelligenz (KI): Artificial Intelligence (AI)
13. Muster: Patterns

14. Technologie: Technology
15. Werkzeuge: Tools
16. Zusammenarbeit: Collaboration

6. Das große Update

Emma hat eine neue Aufgabe bei der Arbeit: Sie arbeitet an einem großen Software-Update. Dieses Projekt ist wichtig für das Unternehmen und Emma ist aufgeregt, dabei zu sein.

Sie koordiniert mit verschiedenen Teams, um sicherzustellen, dass alle Aspekte des Updates berücksichtigt werden. Teamarbeit ist in diesem Prozess sehr wichtig und Emma ist gut darin, mit anderen zusammenzuarbeiten.

Eine ihrer Hauptaufgaben ist die Fehlerbehebung. Emma findet und behebt verschiedene Bugs in der Software. Sie ist sehr gründlich und stellt sicher, dass die Software fehlerfrei ist.

Ein wichtiger Teil des Updates ist das Datenbank-Management. Emma aktualisiert die Datenbank, um sie mit der neuen Software kompatibel zu machen. Sie arbeitet sorgfältig, um sicherzustellen, dass alle Daten korrekt übertragen werden.

Außerdem verbessert Emma bestehende Algorithmen. Sie analysiert die Algorithmen und findet Wege, sie effizienter zu machen. Diese Arbeit ist komplex, aber Emma liebt diese Herausforderung.

Ein großer Teil ihrer Arbeit ist auch die Überarbeitung des Quellcodes. Emma optimiert den Code, um die Leistung zu verbessern und die Software benutzerfreundlicher zu machen.

Bevor das Update veröffentlicht wird, führt Emma gründliche Tests durch. Sie will sicherstellen, dass alles perfekt funktioniert. Diese Tests sind entscheidend für den Erfolg des Updates.

Emma sammelt auch Feedback von Nutzern. Sie hört auf ihre Rückmeldungen und Ideen. Basierend auf diesem Feedback führt Emma Verbesserungen durch, um die Software noch besser zu machen.

Schließlich wird das Update erfolgreich implementiert. Die Nutzer sind mit den Verbesserungen zufrieden, was Emma sehr freut.

Das Team feiert den Erfolg des Updates. Emma ist glücklich, Teil dieses Teams zu sein und ihren Beitrag zum Erfolg geleistet zu haben.

Sie reflektiert über die Lektionen, die sie während dieses Projekts gelernt hat. Jede Herausforderung hat ihr geholfen, zu wachsen und ihre Fähigkeiten zu verbessern.

Emma ist motiviert für zukünftige Projekte. Sie weiß jetzt, dass sie schwierige Aufgaben meistern kann.

Emma ist stolz auf ihre Arbeit und das erreichte Ziel. Sie freut sich darauf, weiterhin an spannenden Projekten zu arbeiten und ihre Kenntnisse in der Welt der Technologie zu erweitern.

1. Aktualisieren: Update
2. Algorithmen: Algorithms
3. Aspekte: Aspects
4. Datenbank: Database
5. Datenbank-Management: Database Management
6. Fehlerbehebung: Error Correction
7. Feedback: Feedback
8. Implementieren: Implement
9. Koordinieren: Coordinate
10. Leistung: Performance
11. Nutzer: Users
12. Quellcode: Source Code
13. Rückmeldungen: Feedback
14. Teamarbeit: Teamwork
15. Überarbeitung: Revision
16. Update: Update
17. Verbesserungen: Improvements

7. Neue Horizonte

Emma blickt auf ihre bisherige Reise in der Welt der Technologie zurück. Sie ist stolz auf das, was sie erreicht hat, und freut sich auf das, was noch kommen wird.

Emma ist sehr gespannt auf neue Technologien. Sie weiß, dass die Technologiewelt sich schnell entwickelt und möchte immer auf dem neuesten Stand sein.

Sie plant, sich weiter in Cloud-Computing zu bilden. Emma erkennt die Wichtigkeit der Cloud in der modernen Technologiewelt und möchte ihre Kenntnisse vertiefen.

Netzwerksicherheit ist ein weiteres Gebiet, für das sich Emma interessiert. Sie möchte mehr über die Sicherheit von Netzwerken lernen und wie man sie vor Bedrohungen schützt.

Emma möchte auch ihr Wissen über Künstliche Intelligenz erweitern. Sie findet KI faszinierend und will verstehen, wie sie genutzt werden kann, um Probleme zu lösen.

Sie freut sich auf zukünftige Projekte mit Big Data. Emma sieht das Potenzial in der Analyse großer Datenmengen und möchte darin noch mehr Erfahrungen sammeln.

Emma plant, ihre Führungskompetenzen zu entwickeln. Sie möchte in Zukunft vielleicht ein Team leiten und ist motiviert, Führungsfähigkeiten zu lernen.

Sie möchte auch als Mentorin für neue Teammitglieder fungieren. Emma möchte ihr Wissen weitergeben und anderen helfen, in ihrer Karriere voranzukommen.

Emma hat viele Ideen für innovative Projekte. Sie möchte neue Wege finden, um Probleme mit Technologie zu lösen und etwas Neues zu schaffen.

In ihrer Karriereentwicklung möchte Emma weiter vorankommen. Sie setzt sich neue berufliche Ziele und arbeitet hart, um sie zu erreichen.

Sie plant, das Unternehmensnetzwerk zu optimieren. Emma möchte sicherstellen, dass das Netzwerk effizient und sicher ist.

Emma plant auch, an Technologie-Konferenzen teilzunehmen. Sie möchte von Experten lernen und sich mit anderen in der Technologie-Community vernetzen.

In der Softwareentwicklung möchte Emma neue Ideen einbringen. Sie denkt über innovative Benutzeroberflächen nach und wie man Software benutzerfreundlicher machen kann.

Emma interessiert sich auch für Verschlüsselungstechniken. Sie weiß, wie wichtig Datensicherheit ist und möchte dazu beitragen, Daten sicher zu halten.

Sie plant auch, ihre Kenntnisse in Cloud-Computing zu erweitern. Emma sieht die Cloud als einen wichtigen Teil der Zukunft der Technologie.

Emma verpflichtet sich zum lebenslangen Lernen. Sie weiß, dass man in der Technologie nie auslernt und möchte immer weiter dazulernen.

Emma inspiriert andere in ihrem Team. Sie teilt ihre Begeisterung für Technologie und motiviert andere, sich weiterzubilden.

Emma findet Erfüllung in ihrer Arbeit. Sie ist glücklich darüber, was sie erreicht hat, und blickt optimistisch in die Zukunft. Sie freut sich darauf, weiterhin an der Spitze der Technologieentwicklung zu stehen und neue Höhen zu erreichen.

1. Bedrohungen: Threats
2. Berufliche Ziele: Professional Goals
3. Cloud-Computing: Cloud Computing
4. Datenmengen: Data Volumes
5. Datensicherheit: Data Security
6. Entwicklung: Development
7. Erfahrungen: Experiences
8. Führungskompetenzen: Leadership Skills
9. Karriereentwicklung: Career Development
10. Künstliche Intelligenz: Artificial Intelligence
11. Mentorin: Mentor

12. Netzwerksicherheit: Network Security
13. Optimieren: Optimize
14. Probleme: Problems
15. Projekte: Projects
16. Softwareentwicklung: Software Development
17. Technologie-Konferenzen: Technology Conferences
18. Technologiewelt: Technology World
19. Unternehmensnetzwerk: Company Network
20. Verschlüsselungstechniken: Encryption Techniques
21. Weiterbildung: Further Education

German Equivalents of Common Tech Jargon and Acronyms

1. **AI (Artificial Intelligence) - KI (Künstliche Intelligenz):** The simulation of human intelligence processes by machines.

2. **UI (User Interface) - Benutzeroberfläche:** The means by which the user interacts with a system or application.

3. **UX (User Experience) - Benutzererfahrung:** The overall experience of a person using a product, especially in terms of how easy or pleasing it is to use.

4. **API (Application Programming Interface) - API (Anwendungsprogrammierschnittstelle):** A set of functions and procedures allowing the creation of applications that access the features or data of an operating system, application, or other service.

5. **SaaS (Software as a Service) - SaaS (Software als Dienst):** A software distribution model in which applications are hosted by a third-party provider and made available to customers over the internet.

6. **IoT (Internet of Things) - IoT (Internet der Dinge):** The interconnection via the internet of computing devices embedded in everyday objects, enabling them to send and receive data.

7. **SQL (Structured Query Language) - SQL (Strukturierte Abfragesprache):** A standard language for accessing and manipulating databases.

8. **VPN (Virtual Private Network) - VPN (Virtuelles Privates Netzwerk):** A network that extends a private network across a public network, enabling users to send and receive data across shared or public networks as if their computing devices were directly connected to the private network.

9. **BI (Business Intelligence) - BI (Geschäftsintelligenz):** Technologies, applications, and practices for the collection, integration, analysis, and presentation of business information.

10. **CRM (Customer Relationship Management) - CRM (Kundenbeziehungsmanagement):** A system for managing a company's interactions with current and potential customers.

11. **ERP (Enterprise Resource Planning) - ERP (Unternehmensressourcenplanung):** The integrated management of main business processes, often in real-time and mediated by software and technology.

12. **MVP (Minimum Viable Product) - MVP (Minimal Überlebensfähiges Produkt):** A product with just enough features to satisfy early customers and provide feedback for future product development.

13. **CSS (Cascading Style Sheets) - CSS (Kaskadierende Stilblätter):** A style sheet language used for describing the presentation of a document written in a markup language like HTML.

14. **HTML (Hypertext Markup Language) - HTML (Hypertext-Auszeichnungssprache):** The standard markup language for documents designed to be displayed in a web browser.

15. **R&D (Research and Development) - F&E (Forschung und Entwicklung):** An activity directed towards the innovation, introduction, and improvement of products and processes.

Das Rätsel der Technologie

1. Der geheimnisvolle Vorfall

In einem großen Technologieunternehmen passiert etwas Seltsames. Ein wichtiger Server geht plötzlich offline. Kommissar Bauer wird gerufen, um den Vorfall zu untersuchen.

Als Bauer im Unternehmen ankommt, trifft er Frau Meier, die Sicherheitschefin. Sie informiert ihn über den Vorfall. „Der Server ist plötzlich ausgefallen," erklärt sie.

Bauer und Frau Meier überprüfen zuerst die Überwachungskameras. Sie hoffen, Hinweise zu finden. Auf einer Kamera sehen sie einen unbekannten Schatten. „Wer könnte das sein?" fragt Bauer.

In der Nähe des Servers finden sie einen USB-Stick. Bauer nimmt ihn mit für eine genauere Untersuchung. Der USB-Stick enthält viele SQL-Daten. „Das ist interessant," sagt Bauer.

Frau Meier wird von Bauer befragt. Sie hat jedoch ein festes Alibi. Sie war zum Zeitpunkt des Vorfalls in einer Besprechung.

Bauer untersucht die Computeraktivitäten des Unternehmens. Er entdeckt verdächtige Aktivitäten in der API. „Das könnte ein Hinweis sein," denkt er.

Ein Hinweis führt Bauer zu einem Mitarbeiter des Unternehmens. Er konfrontiert den Mitarbeiter, aber dieser streitet alles ab. „Ich habe nichts damit zu tun," sagt er.

Bauer ist nicht überzeugt und beschließt, die BI-Abteilung zu besuchen. Er hofft, dort weitere Hinweise zu finden.

In der BI-Abteilung entdeckt Bauer interessante Muster in den Geschäftsdaten. „Das könnte mit dem Serverausfall zusammenhängen," denkt er.

Kommissar Bauer ist sich sicher, dass der Vorfall kein Zufall war. Er glaubt, dass jemand im Unternehmen dahintersteckt. Aber wer? Und warum?

Bauer setzt seine Ermittlungen fort. Er weiß, dass die Technologie der Schlüssel zur Lösung dieses Rätsels ist. Er ist entschlossen, den Fall zu lösen und den Schuldigen zu finden.

1. API: API (Application Programming Interface)
2. Ausfallen: Fail
3. Befragt: Questioned
4. Besprechung: Meeting
5. BI-Abteilung: BI (Business Intelligence) Department
6. Ermittlungen: Investigations
7. Geschäftsdaten: Business Data
8. Hinweise: Clues
9. Kommissar: Inspector, detective
10. Muster: Patterns
11. Schatten: Shadow
12. Schuldige: Culprit
13. Sicherheitschefin: Security Chief
14. SQL-Daten: SQL Data
15. Server: Server
16. Technologieunternehmen: Technology Company
17. Überwachungskameras: Surveillance Cameras
18. USB-Stick: USB Stick
19. Verdächtige Aktivitäten: Suspicious Activities
20. Vorfall: Incident

2. Die Spur der KI (Künstliche Intelligenz)

Kommissar Bauer steht vor der Tür der KI-Abteilung. Drinnen erwartet ihn Dr. Lange, die KI-Spezialistin des Unternehmens. Sie begrüßt ihn mit einem besorgten Gesichtsausdruck.

„Herr Kommissar, unsere KI wurde manipuliert", erklärt Dr. Lange. Sie führt Bauer zu einem großen Bildschirm, auf dem die Benutzeroberfläche der KI zu sehen ist. „Sehen Sie, normalerweise lernt die KI selbstständig, aber jemand hat ihre Lernprozesse verändert."

Bauer, der sich mit der komplexen Welt der KI noch nicht so gut auskennt, hört aufmerksam zu. „Wer hatte Zugang zu dieser KI?", fragt er. Dr. Lange antwortet, dass außer ihr nur noch ein paar andere Mitarbeiter Zugriff hatten, darunter auch ein kürzlich entlassener Mitarbeiter.

Die Spur scheint heiß. Bauer entscheidet, die Wohnung des ehemaligen Mitarbeiters zu durchsuchen. In einer Schublade findet er Unterlagen, die auf eine Nutzung eines VPN hinweisen. „Er könnte von außerhalb auf die KI zugegriffen haben", mutmaßt Bauer.

Das Motiv des ehemaligen Mitarbeiters bleibt jedoch unklar. Warum sollte jemand die KI manipulieren? Bauer grübelt über mögliche Gründe. Plötzlich erhält er einen anonymen Tipp: Der entlassene Mitarbeiter könnte in Insiderhandel verwickelt sein.

„Das könnte erklären, warum er die KI manipuliert hat", sagt Bauer. Er beschließt, als nächsten Schritt die CRM-Daten des Unternehmens zu überprüfen. Vielleicht findet er dort die fehlenden Puzzleteile, um das Rätsel um die manipulierte KI und den mysteriösen Serverausfall zu lösen.

1. Anonymer Tipp: Anonymous Tip
2. Benutzeroberfläche: User Interface
3. Bildschirm: Screen
4. CRM-Daten: CRM (Customer Relationship Management) Data
5. Durchsuchen: Search
6. Ehemaliger Mitarbeiter: Former Employee
7. Gesichtsausdruck: Facial Expression
8. Insiderhandel: Insider Trading
9. KI-Abteilung: AI (Artificial Intelligence) Department
10. KI-Spezialistin: AI Specialist
11. Lernprozesse: Learning Processes
12. Manipuliert: Manipulated
13. Puzzleteile: Puzzle Pieces
14. Schublade: Drawer
15. Spur: Trail

16. Unterlagen: Documents
17. VPN: VPN (Virtual Private Network)
18. Zugang: Access

3. Der Code des Rätsels

Kommissar Bauer steht vor einer neuen Herausforderung. Die CRM-Daten des Unternehmens müssen überprüft werden, um die Verbindung zum ehemaligen Mitarbeiter zu klären.

Als Bauer und das IT-Team die CRM-Daten durchsehen, stoßen sie auf eine seltsame Entdeckung. In den HTML-Seiten des Unternehmensnetzwerks finden sie einen geheimen Code. „Das sieht nicht normal aus", murmelt ein IT-Mitarbeiter.

Sie analysieren den Code sorgfältig. Nach einigen Stunden harter Arbeit entdecken sie, dass der Code eine versteckte Nachricht enthält. „Das ist wie ein digitales Rätsel", sagt Bauer.

Die Nachricht führt sie zu einer verschlüsselten Datei. Die Entschlüsselung der Datei erweist sich als schwierig, doch das IT-Team gibt nicht auf. Schließlich gelingt es ihnen, die Verschlüsselung zu knacken.

Die geöffnete Datei enthüllt Informationen über illegale Aktivitäten im Unternehmen. Bauer ist schockiert. „Das geht tiefer, als wir dachten", sagt er.

Die Zusammenarbeit mit der IT-Abteilung erweist sich als unerlässlich. Gemeinsam entdecken sie verdächtige Aktivitäten bei den IoT-Geräten des Unternehmens. Diese Geräte scheinen eine Schlüsselrolle zu spielen.

Sie analysieren die Daten der IoT-Geräte und erkennen ein bestimmtes Muster. „Die Geräte wurden manipuliert, um Daten zu sammeln", erläutert ein IT-Experte.

Die Spur führt wieder zum ehemaligen Mitarbeiter. Es scheint, als hätte er die IoT-Geräte benutzt, um seine illegalen Aktivitäten zu unterstützen.

Dann der Durchbruch: Sie finden einen entscheidenden Hinweis, der direkt zum Verdächtigen führt. „Wir haben ihn", sagt Bauer.

Er entwickelt einen Plan, um den Verdächtigen in eine Falle zu locken. Der Plan ist riskant, aber Bauer ist zuversichtlich. „Wir müssen ihn auf frischer Tat ertappen", erklärt er.

Die Vorbereitungen für die Falle sind im Gange. Bauer und sein Team sind bereit, den Täter zu überführen und das Rätsel der manipulierten KI und der illegalen Aktivitäten im Unternehmen endlich zu lösen.

1. CRM-Daten: CRM (Customer Relationship Management) Data
2. Datei: File
3. Durchbruch: Breakthrough
4. Durchsehen: Review
5. Entdeckung: Discovery
6. Entschlüsselung: Decryption
7. Falle: Trap
8. Geheimer Code: Secret Code
9. HTML-Seiten: HTML (Hypertext Markup Language) Pages
10. Illegale Aktivitäten: Illegal Activities
11. IoT-Geräte: IoT (Internet of Things) Devices
12. Knacken: Crack
13. Manipuliert: Manipulated
14. Muster: Pattern
15. Nachricht: Message
16. Rätsel: Puzzle
17. Schlüsselrolle: Key Role
18. Täter: Perpetrator
19. Überprüfen: Verify
20. Unternehmen: Company
21. Verdächtige Aktivitäten: Suspicious Activities
22. Verschlüsselte Datei: Encrypted File
23. Zusammenarbeit: Collaboration

4. Die Falle

Kommissar Bauer und sein Team bereiten eine Falle vor, um den Verdächtigen zu fassen. Sie nutzen IoT-Geräte, um den Tatort zu überwachen und hoffen, dass der Verdächtige erscheinen wird.

Die Spannung steigt, als sie im Überwachungszentrum warten. Stunden vergehen, aber Bauer bleibt geduldig. Plötzlich erscheint der Verdächtige am Tatort. Er sieht sich um und nähert sich dem Computer, der mit der KI verbunden ist.

Der Verdächtige versucht, auf die KI zuzugreifen. Bauer und sein Team beobachten jede seiner Bewegungen. Im richtigen Moment greifen sie ein und nehmen den Verdächtigen fest.

Zur Überraschung aller gesteht der Verdächtige sofort seine Taten. Er erklärt, dass er aus Rache handelte, weil er ungerecht behandelt wurde. Der Zusammenhang mit dem Serverausfall wird endlich klar.

Bauer erfährt, dass der Verdächtige das ERP-System des Unternehmens manipuliert hatte, um seine Aktionen zu verbergen. Er hatte auch SaaS-Dienste genutzt, um seine Pläne durchzuführen.

Das Team sammelt alle Beweise, um den Fall zu lösen. In einem intensiven Verhör gibt der Verdächtige weitere Details preis. Es wird enthüllt, dass er auch Verbindungen zur R&D-Abteilung hatte und diese für seine Zwecke missbraucht hatte.

Mit der Festnahme des Verdächtigen und der Sammlung aller Beweise ist der Fall gelöst. Kommissar Bauer und sein Team haben erfolgreich einen komplizierten Fall abgeschlossen, der die Technologiewelt des Unternehmens auf den Kopf gestellt hatte.

1. Aktionen: Actions
2. Beweise: Evidence
3. ERP-System: ERP (Enterprise Resource Planning) System
4. Festnahme: Arrest
5. IoT-Geräte: IoT (Internet of Things) Devices
6. Rache: Revenge

7. R&D-Abteilung: R&D (Research and Development) Department
8. SaaS-Dienste: SaaS (Software as a Service) Services
9. Serverausfall: Server Failure
10. Spannung: Tension
11. Tatort: Crime Scene
12. Überwachungszentrum: Surveillance Center
13. Ungerecht behandelt: Unjustly Treated
14. Verdächtige: Suspects
15. Verbindungen: Connections
16. Verhör: Interrogation
17. Zusammenhang: Connection

5. Die Analyse

Nachdem der Fall gelöst wurde, trifft sich Kommissar Bauer mit seinem Team zur Nachbesprechung. Sie setzen sich zusammen, um den gesamten Fall zu analysieren und aus den Erfahrungen zu lernen.

Die Analyse beginnt mit einer Untersuchung aller gesammelten Beweise. Sie schauen sich an, wie der Verdächtige auf verschiedene Technologien wie das MVP, die UI und die UX des Unternehmens zugegriffen hat. Besonders die Manipulation der Benutzeroberfläche und der Missbrauch der API werden gründlich unter die Lupe genommen.

Während der Besprechung ziehen sie wichtige Lektionen aus den Fehlern im Sicherheitssystem des Unternehmens. Sie diskutieren Verbesserungsvorschläge, um zukünftige Vorfälle zu verhindern. Die Bedeutung von CSS und SQL im Fall wird hervorgehoben, da sie zur Aufklärung beigetragen haben.

Neue Erkenntnisse in der Netzwerksicherheit werden gewonnen, und das Team gibt Feedback zum Verlauf des Falls. Kommissar Bauer plant, sich in Technologien weiterzubilden, um für zukünftige Fälle besser gerüstet zu sein. Sie planen auch, zukünftige Sicherheitsrisiken besser zu erkennen und sich darauf vorzubereiten.

Der Fall hat gezeigt, wie wichtig die Technologiewelt in der Kriminalistik ist. Die Reflexion über den Fall verdeutlicht, dass die Fähigkeiten im Umgang mit Technologie und die Zusammenarbeit mit Technologieexperten von entscheidender Bedeutung sind, um Verbrechen aufzuklären und die Sicherheit zu gewährleisten.

1. API: API (Application Programming Interface)
2. Benutzeroberfläche: User Interface
3. CSS: CSS (Cascading Style Sheets)
4. Erkenntnisse: Insights
5. Feedback: Feedback
6. Kriminalistik: Criminology
7. Lektionen: Lessons
8. MVP: MVP (Minimum Viable Product)
9. Nachbesprechung: Debriefing
10. Netzwerksicherheit: Network Security
11. Reflexion: Reflection
12. Sicherheitsrisiken: Security Risks
13. Sicherheitssystem: Security System
14. SQL: SQL (Structured Query Language)
15. Technologie: Technology
16. Technologieexperten: Technology Experts
17. UI: UI (User Interface)
18. UX: UX (User Experience)
19. Verdächtige: Suspect
20. Verbesserungsvorschläge: Suggestions for Improvement
21. Vorfälle: Incidents
22. Zugriff: Access

6. Neue Herausforderungen

Kommissar Bauer und sein Team stehen vor neuen Herausforderungen. Ein neuer Fall ist auf ihrem Tisch gelandet, und sie sind bereit, sich damit auseinanderzusetzen. Dieses Mal dreht sich alles um den technologischen Wandel und die steigende Bedeutung der modernen Technologie in der Kriminalistik.

Die Technologiewelt entwickelt sich ständig weiter, und das Team muss Schritt halten. Besonders das Internet der Dinge (IoT) stellt sie vor neue Herausforderungen. Es gibt Anzeichen dafür, dass IoT-Geräte in kriminelle Aktivitäten verwickelt sind, und sie müssen diese Fälle nun untersuchen.

Künstliche Intelligenz (KI) spielt eine immer wichtigere Rolle in ihren Ermittlungen. Die Analyse von Big Data ist ebenfalls von großer Bedeutung, da sie in neuen Fällen eine größere Rolle spielt.

Das Team arbeitet eng zusammen, um sich auf diese neuen Herausforderungen vorzubereiten. Sie bilden sich kontinuierlich in neuen Technologien fort, um auf dem neuesten Stand zu sein. Die Vernetzung mit anderen Experten und Behörden ist für ihren Erfolg unerlässlich.

Neue Strategien werden entwickelt, um mit technologischen Verbrechen umzugehen, und sie arbeiten sogar mit internationalen Behörden zusammen, um grenzüberschreitende Fälle zu lösen. Die Datenanalyse wird weiter verbessert, um Beweise effektiv zu sammeln und Sicherheitslücken zu identifizieren und zu schließen.

Trotz aller Herausforderungen bleibt das Team motiviert. Sie sind entschlossen, erfolgreich neue Fälle zu lösen und die Sicherheit in der technologischen Welt zu gewährleisten.

1. Datenanalyse: Data Analysis
2. Ermittlungen: Investigations
3. Herausforderungen: Challenges
4. Internet der Dinge (IoT): Internet of Things (IoT)
5. Kriminalistik: Criminology
6. Kriminelle Aktivitäten: Criminal Activities
7. Künstliche Intelligenz (KI): Artificial Intelligence (AI)
8. Modern: Modern
9. Sicherheitslücken: Security Gaps
10. Strategien: Strategies
11. Technologische Verbrechen: Technological Crimes
12. Technologiewandel: Technological Change
13. Vernetzung: Networking

14. Weiterbildung: Continuing Education
15. Zusammenarbeit: Collaboration

7. Der Ausblick

Kommissar Bauer wirft einen Blick auf seine bisherigen Erfahrungen und die Rolle der Technologie in der Kriminalistik. Er ist beeindruckt von den raschen Veränderungen in der Technologiewelt und erkennt, dass er sich anpassen muss, um effektiv in seiner Arbeit zu sein.

Besonders der Einsatz von Künstlicher Intelligenz (KI) hat sein Interesse geweckt. Er plant, KI stärker in seine Ermittlungen einzubeziehen, um schneller auf neue Informationen zugreifen zu können. Die Analyse von Big Data spielt ebenfalls eine wichtige Rolle, und er sieht die Bedeutung dieses Ansatzes in der modernen Kriminalistik.

Die Zukunft des Internet der Dinge (IoT) in der Polizeiarbeit sieht er optimistisch. Er erkennt das Potenzial von IoT-Geräten für die Datensammlung und -analyse. Allerdings ist er sich auch der Herausforderungen in der Netzwerksicherheit bewusst und plant, sich in diesem Bereich weiterzubilden.

Die Nutzung von Virtual Private Networks (VPNs) ist für ihn ein zweischneidiges Schwert. Während sie die Sicherheit verbessern können, können sie auch von Kriminellen missbraucht werden. Er möchte seine Kenntnisse in SQL vertiefen, um besser mit Datenbanken arbeiten zu können.

Die Schulung seines Teams in neuen Technologien ist ein wichtiger Schritt für die Zukunft. Er erkennt die Bedeutung von Cloud-Computing und plant, dies in seine Arbeitsweise zu integrieren. Die Verbesserung der Benutzeroberfläche (UI) und Benutzererfahrung (UX) von Polizei-Software ist ein weiteres Ziel.

Die Nutzung von Application Programming Interfaces (APIs) zur Steigerung der Effizienz in der Polizeiarbeit ist für ihn ein interessanter Ansatz. Er plant auch, Customer Relationship Management (CRM) -Systeme einzusetzen, um die Ressourcen der Polizei effektiver zu verwalten. Die Integration von Enterprise

Resource Planning (ERP) -Systemen wird ebenfalls Teil seiner Strategie sein.

Trotz seiner langen Karriere bleibt Kommissar Bauer motiviert, Neues zu lernen und anzuwenden. Er sieht die Zukunft der Kriminalistik als stark von der Technologie geprägt und ist entschlossen, mit den Entwicklungen Schritt zu halten.

1. Anpassen: Adapt
2. Application Programming Interfaces (APIs): APIs (Application Programming Interfaces)
3. Benutzeroberfläche (UI): User Interface (UI)
4. Benutzererfahrung (UX): User Experience (UX)
5. Datensammlung: Data Collection
6. Einsatz: Use
7. Ermittlungen: Investigations
8. Herausforderungen: Challenges
9. Internet der Dinge (IoT): Internet of Things (IoT)
10. Künstliche Intelligenz (KI): Artificial Intelligence (AI)
11. Netzwerksicherheit: Network Security
12. Polizeiarbeit: Police Work
13. SQL: SQL (Structured Query Language)
14. Technologiewelt: Technology World
15. Virtual Private Networks (VPNs): VPNs (Virtual Private Networks)
16. Zukunft: Future

Differences and Similarities in Tech Vocabulary Between English and German

Understanding the differences and similarities between English and German tech vocabulary is key for IT professionals who operate in a bilingual environment. This knowledge not only helps in language translation but also in grasping the nuances of technical communication in German.

1. Similarities:

- **Shared Technical Jargon:** Many modern tech terms are universally used in English across different languages, including German. For example, terms like „Internet," „Software," „Laptop," and „Router" remain the same in both languages.

- **English Influence:** The German tech industry often adopts English technical terms directly. Words like „Computer," „Server," and „Email" are used in German as they are in English, reflecting the global influence of English in the tech world.

- **Acronyms:** Several acronyms are universally recognized and used in the same way in both languages, such as „IT" (Informationstechnologie in German), „AI" (KI - Künstliche Intelligenz), and „UI" (Benutzeroberfläche).

2. Differences:

1. Compound Words:

- German's propensity for compound words results in lengthy but descriptive terms. These compounds, known as „Komposita," are formed by combining two or more nouns. This trait leads to highly descriptive terms, which can be both a challenge and an advantage for understanding the precise meaning.

- **Examples:**

- **Datenschutzgrundverordnung (GDPR):** Combining „Daten" (data), „Schutz" (protection), and „Grundverordnung" (basic regulation).

- **Künstlicheintelligenz (Artificial Intelligence):** The amalgamation of „Künstlich" (artificial) and „Intelligenz" (intelligence).

- These compound words can sometimes create challenges in translation due to their specificity and length, as opposed to the typically shorter English terms.

2. Grammar and Syntax:

- German grammar, particularly regarding noun genders (masculine, feminine, neuter) and cases (nominative, accusative, dative, genitive), significantly influences how tech vocabulary is used and formed. Articles, adjectives, and sentence structure change based on these grammatical rules.

- **Examples:**

- In German, the definite article for „the computer" changes based on case: „der Computer" (nominative), „den Computer" (accusative), „dem Computer" (dative), „des Computers" (genitive).

- Adjective endings also change according to gender and case, affecting descriptions of tech items, e.g., „ein schneller Prozessor" (a fast processor), „eine schnelle Verbindung" (a fast connection).

3. Specific Technical Terms:

- Certain English tech terms translate into German with significant differences, reflecting the linguistic structures and technical evolution in German-speaking regions.

- **Examples:**

- **Download:** In German, „Herunterladen" literally means „to load down," a more descriptive version of the English term.

- **Software Development:** Translated as „Softwareentwicklung," combining „Software" and „Entwicklung" (development), showing the German preference for compound nouns.

- **Cloud Computing:** Translated as „Cloud-Computing," adopting the English term „Cloud" but adding the German hyphenation style.

4. Cultural Nuances:

- Some tech terms in German reflect cultural perspectives and business practices in German-speaking countries.

- **Examples:**

- **Freelancer vs. Freiberufler:** While „Freelancer" is commonly used in German, „Freiberufler" traditionally refers to self-employed professionals with specific qualifications or certifications, often in fields like law, medicine, or journalism.

- **Datenschutz (Data Protection):** This term reflects the strong emphasis on privacy and data security in German culture, aligning with rigorous laws like the GDPR.

- **Anglizismen (English loanwords):** The German tech sector often adopts English terms, reflecting globalization and the international nature of technology. However, this practice sometimes leads to debates about language purity and the preservation of the German language in technical contexts.

Chapter 3: The German Tech Workspace

Language for everyday situations in the tech office (meetings, team collaborations, project updates)

1. Meetings: Key Phrases and Structure

Meetings are a core part of office life. Here's how you can contribute effectively:

- Starting a Meeting: Begin with a greeting like „Guten Tag, alle zusammen" (Good day, everyone) and introduce the agenda with „Heute besprechen wir..." (Today we discuss...).

- Participating: Use phrases like „Ich denke, dass..." (I think that...) or „Meiner Meinung nach..." (In my opinion...). To ask questions, use „Kann ich etwas fragen?" (May I ask something?).

- Concluding: Summarize with „Zusammenfassend..." (To summarize...) and end with „Danke für Ihre Teilnahme" (Thank you for participating).

2. Team Collaborations: Effective Communication

Collaborating with colleagues requires clear communication. Remember these tips:

- Expressing Ideas: Say „Ich habe eine Idee" (I have an idea) or „Was halten Sie von..." (What do you think about...).

- Agreeing and Disagreeing: Agree with „Ich stimme zu" (I agree) or disagree politely with „Ich bin anderer Meinung" (I have a different opinion).

- Offering Help: Offer assistance with „Kann ich Ihnen helfen?" (Can I help you?).

3. Project Updates: Sharing Information

Keeping everyone informed about project progress is crucial. Use these structures:

- Status Updates: Communicate progress with „Der aktuelle Stand des Projekts ist..." (The current status of the project is...).

- Addressing Issues: If there are issues, say „Wir haben ein Problem mit..." (We have a problem with...).

- Seeking Feedback: Ask for feedback with „Ich würde gerne Ihre Meinung dazu hören" (I would like to hear your opinion on this).

4. Professional Email Etiquette

Emails are a mainstay of office communication. Here's how to keep them professional:

- Starting an Email: Begin with „Sehr geehrte Frau/Herr [Last Name]" (Dear Mr./Mrs. [Last Name]).

- Main Content: Be clear and concise. For requests, use „Könnten Sie bitte..." (Could you please...).

- Closing an Email: End with „Mit freundlichen Grüßen" (Kind regards).

5. Remote Work and Digital Collaboration

With remote work becoming more common, these phrases can be useful:

- Scheduling Online Meetings: Use „Können wir ein Online-Meeting für... einplanen?" (Can we schedule an online meeting for...?).

- Discussing Tech Issues: If there are technical difficulties, say „Es gibt technische Schwierigkeiten" (There are technical difficulties).

Conclusion

Mastering these phrases and structures will enhance your ability to communicate effectively in a German tech office. Remember, practice is key. Don't be afraid to engage in conversations and seek feedback on your language use. With time, your confidence and proficiency will grow, making your integration into a German-speaking tech environment much smoother.

Eine Abenteuerliche Reise im Büro

1. Ein neuer Anfang

Max, ein neuer Mitarbeiter, betritt das lebhafte Büro eines deutschen Tech-Unternehmens. Er sieht sich um, nimmt die geschäftige Atmosphäre auf und beschließt, sich vorzustellen.

Max: „Guten Tag, alle zusammen. Mein Name ist Max, und ich bin der neue Mitarbeiter."

Die Kollegen schauen auf, lächeln und begrüßen Max herzlich. Einer von ihnen, Herr Becker, kommt auf ihn zu.

Herr Becker: „Willkommen im Team, Max! Wir freuen uns, dich hier zu haben."

Max: „Danke sehr, ich freue mich auch, hier zu sein."

Kurz darauf wird Max zu einem Meeting eingeladen, in dem es um einen wichtigen Projektplan geht. Er betritt den Konferenzraum und beginnt das Meeting.

Max: „Heute besprechen wir den Projektplan für unsere neue Software. Ich freue mich auf Ihre Ideen und Vorschläge."

Während des Meetings hört Max aufmerksam zu und macht sich Notizen. Als es um den Zeitplan geht, meldet er sich zu Wort.

Max: „Ich denke, dass wir zuerst den Zeitplan besprechen sollten. Was ist Ihre Meinung dazu?"

Frau Schmidt: „Das ist eine wichtige Frage. Der Zeitplan ist sehr eng."

Max: „Kann ich etwas zum Budget fragen? Haben wir genug Ressourcen?"

Alle nicken zustimmend, und Max fühlt sich ermutigt, weiterzumachen.

Herr Müller: „Wir sollten auch das Design nicht vergessen. Hat jemand Vorschläge?"

Max sieht seine Chance, einen Beitrag zu leisten.

Max: „Ich habe eine Idee für das Design. Was halten Sie von einer benutzerfreundlichen Oberfläche?"

Herr Müller: „Das klingt interessant, Max. Ich stimme zu, das ist eine gute Idee."

Das Meeting geht weiter, und Max bietet mehrmals seine Hilfe an. Schließlich fasst er die besprochenen Punkte zusammen.

Max: „Zusammenfassend haben wir heute ein starkes Konzept für unser Projekt entwickelt. Danke für Ihre Teilnahme und Ihre Ideen."

Nach dem Meeting erhält Max eine E-Mail von Herrn Schmidt, dem Projektleiter. Er öffnet die E-Mail und beginnt zu tippen.

Max (schreibt): „Sehr geehrter Herr Schmidt, vielen Dank für Ihr E-Mail. Könnten Sie bitte die Daten für den Projektzeitplan überprüfen? Mit freundlichen Grüßen, Max."

Max sendet die E-Mail ab und lehnt sich zurück. Er fühlt sich motiviert und ist gespannt auf die bevorstehenden Herausforderungen in seinem neuen Job.

1. Benutzerfreundliche Oberfläche: User-friendly Interface
2. Geschäftige Atmosphäre: Busy Atmosphere
3. Herausforderungen: Challenges
4. Konferenzraum: Conference Room
5. Mitarbeiter: Employee
6. Motiviert: Motivated
7. Notizen: Notes
8. Projektplan: Project Plan
9. Projektleiter: Project Leader
10. Ressourcen: Resources
11. Tech-Unternehmen: Tech Company
12. Teilnahme: Participation
13. Vorschläge: Suggestions
14. Zeitplan: Schedule

2. Teamarbeit

In Kapitel zwei setzt Max seine Reise im deutschen Tech-Unternehmen fort und stößt dabei auf neue Herausforderungen in der Teamarbeit.

Max (arbeitet am Computer): „Ich habe eine Idee für die Benutzeroberfläche unserer Software. Sie könnte benutzerfreundlicher sein."

Sein Kollege, Herr Lehmann, schaut auf Max' Bildschirm und runzelt die Stirn.

Herr Lehmann: „Ich bin anderer Meinung bezüglich des Designs, Max. Ich denke, es sollte technischer aussehen."

Max will nicht gleich aufgeben und schlägt eine Lösung vor.

Max: „Vielleicht sollten wir das in einem Online-Meeting mit dem ganzen Team besprechen. Können wir ein Meeting für morgen einplanen?"

Herr Lehmann: „Ja, das ist eine gute Idee. Lass uns das morgen besprechen."

Am nächsten Tag im Online-Meeting präsentiert Max den aktuellen Stand des Projekts.

Max: „Guten Morgen, alle zusammen. Der aktuelle Stand des Projekts ist vielversprechend. Wir kommen gut voran."

Plötzlich meldet sich Frau Weber, eine andere Teamkollegin.

Frau Weber: „Max, wir haben ein Problem mit dem Code. Es gibt einen Fehler, den wir nicht finden können."

Max ist besorgt, aber bleibt ruhig.

Max: „Das ist wichtig, Frau Weber. Ich würde gerne Ihre Meinung dazu hören. Was denken die anderen?"

Das Team beginnt zu diskutieren, und jeder bringt Ideen ein, wie das Problem gelöst werden kann. Nach einer intensiven Diskussion fasst Max zusammen.

Max: „Zusammenfassend haben wir einige gute Ideen, wie wir das Problem lösen können. Vielen Dank an alle für Ihre hervorragenden Vorschläge."

Max schließt das Meeting.

Max: „Danke für die gute Zusammenarbeit heute. Ich freue mich, mit euch allen zu arbeiten."

Nach dem Meeting bearbeitet Max eine wichtige E-Mail an Frau Müller, die Projektleiterin.

Max (tippt): „Sehr geehrte Frau Müller, wir haben heute im Meeting ein Problem mit dem Code besprochen und benötigen zusätzliche Unterstützung. Ich freue mich auf Ihre Antwort. Mit freundlichen Grüßen, Max."

Max schickt die E-Mail ab und fühlt sich erleichtert. Trotz der Meinungsverschiedenheiten und Herausforderungen ist er glücklich, Teil eines Teams zu sein, das gemeinsam Lösungen findet. Er blickt optimistisch auf die zukünftige Zusammenarbeit und die Fortschritte des Projekts.

1. Benutzeroberfläche: User Interface
2. Besprechen: Discuss
3. Bildschirm: Screen
4. Diskussion: Discussion
5. Fehler: Error
6. Fortschritte: Progress
7. Ideen: Ideas
8. Meinungsverschiedenheiten: Differences of Opinion
9. Projektleiterin: Project Leader
10. Projektstand: Project Status
11. Ruhe bewahren: Remain Calm
12. Software: Software
13. Teamkollegin: Team Colleague
14. Teammitglied: Team Member
15. Technischer: More Technical
16. Zusammenarbeit: Collaboration
17. Zusammenfassend: In Summary

3. Herausforderungen und Lösungen

In diesem Kapitel steht Max vor neuen Herausforderungen, als der Kunde Änderungen am Projekt verlangt.

Max (ruft sein Team zusammen): „Wir müssen über die Kundenwünsche sprechen. Der Kunde möchte Änderungen an unserem Projekt."

Das Team versammelt sich im Meetingraum, und Max eröffnet die Diskussion.

Max: „Ich denke, dass wir einige Anpassungen vornehmen können. Was meint ihr dazu?"

Frau Weber: „Das ist möglich, aber wir müssen aufpassen, dass wir den Zeitplan einhalten."

Max hört zu und notiert die Vorschläge des Teams.

Max: „Das ist ein interessanter Punkt, Frau Weber. Was halten Sie von den Änderungen, Herr Lehmann?"

Herr Lehmann: „Einige Änderungen sind einfach, aber andere sind komplizierter."

Das Team arbeitet intensiv zusammen, um Lösungen für die Kundenwünsche zu finden. Nach einiger Zeit teilt Max den Fortschritt mit.

Max: „Der aktuelle Stand ist, dass wir fast fertig sind. Wir müssen nur noch ein paar Details klären."

Plötzlich erinnert sich Max an ein weiteres Problem.

Max: „Wir haben ein Problem mit der Serverkapazität. Das müssen wir auch lösen."

Das Team nickt zustimmend, und Max plant ein weiteres Online-Meeting.

Max: „Lasst uns morgen ein Meeting haben. Es gibt technische Schwierigkeiten, die wir lösen müssen."

Am nächsten Tag, im Online-Meeting, diskutiert das Team die technischen Probleme.

Max: „Wir müssen diese technischen Schwierigkeiten schnell lösen. Hat jemand Ideen?"

Das Team arbeitet zusammen und findet Lösungen. Max fasst am Ende des Meetings zusammen.

Max: „Danke an alle für eure harte Arbeit und die kreativen Lösungen."

Nach dem Meeting schreibt Max eine E-Mail an den Kunden, Herrn Bauer.

Max (tippt): „Sehr geehrter Herr Bauer, wir haben Ihre Änderungswünsche erhalten und können einige davon umsetzen. Wir freuen uns auf Ihre Rückmeldung. Mit freundlichen Grüßen, Max."

Max schickt die E-Mail ab und fühlt sich trotz der Herausforderungen optimistisch. Er weiß, dass er und sein Team lösungsorientiert arbeiten und auch schwierige Situationen meistern können.

1. Änderungen: Changes
2. Anpassungen: Adjustments
3. Diskussion: Discussion
4. Fortschritt: Progress
5. Herausforderungen: Challenges
6. Kundenwünsche: Customer's Wishes
7. Lösungen: Solutions
8. Meetingraum: Meeting Room
9. Online-Meeting: Online Meeting
10. Rückmeldung: Feedback
11. Schwierigkeiten: Difficulties
12. Serverkapazität: Server Capacity
13. Technische Probleme: Technical Problems
14. Vorschläge: Suggestions
15. Zeitplan: Schedule

4. Der Countdown

In diesem Kapitel nähert sich Max und seinem Team das Ende des Projekts, und der Druck steigt.

Max (betritt den Konferenzraum): „Guten Morgen, alle zusammen. Heute besprechen wir die letzten Schritte unseres Projekts.“

Das Team sieht müde, aber entschlossen aus, während sie sich auf Max konzentrieren.

Max: „Ich denke, dass wir auf einem guten Weg sind. Wir müssen nur noch ein paar Dinge abschließen.“

Er schaut auf den Projektplan und nickt zustimmend.

Max: „Ich stimme zu, dieser Plan funktioniert. Kann ich bei den letzten Tests helfen?“

Frau Weber: „Ja, das wäre großartig, Max. Wir müssen sicherstellen, dass alles reibungslos läuft.“

Das Team arbeitet intensiv zusammen, um die Deadline einzuhalten. Nach einigen Stunden gibt Max ein Update.

Max: „Der aktuelle Stand ist, dass wir fast fertig sind. Wir haben nur noch ein kleines Problem mit der Benutzeroberfläche.“

Herr Lehmann: „Das sollten wir schnell lösen. Können wir ein abschließendes Meeting dazu haben?“

Max nickt und lädt das Team zu einem Online-Meeting ein.

Max (im Online-Meeting): „Lasst uns die letzten Probleme gemeinsam lösen. Wir sind fast am Ziel.“

Das Meeting ist intensiv, aber produktiv. Am Ende dankt Max allen für ihre harte Arbeit.

Max: „Vielen Dank an alle für euren Einsatz. Wir haben es fast geschafft!“

Nach dem Meeting setzt sich Max an seinen Schreibtisch und verfasst die finale E-Mail an Frau Keller, die Projektleiterin.

Max (tippt): „Sehr geehrte Frau Keller, ich freue mich, Ihnen mitteilen zu können, dass wir das Projekt erfolgreich abgeschlossen haben. Bitte bestätigen Sie den Abschluss. Mit freundlichen Grüßen, Max."

Er schickt die E-Mail ab und lehnt sich in seinem Stuhl zurück, erleichtert und stolz auf das, was das Team erreicht hat. Er weiß, dass sie alle hart gearbeitet haben, und fühlt sich dankbar für die Erfahrung und das Wissen, das er während dieses Projekts gesammelt hat.

1. Abschließen: Finalize
2. Abschluss: Completion
3. Benutzeroberfläche: User Interface
4. Einsatz: Effort
5. Entscheidend: Decisive
6. Erfahrung: Experience
7. Erleichtert: Relieved
8. Konferenzraum: Conference Room
9. Online-Meeting: Online Meeting
10. Projekt: Project
11. Projektleiterin: Project Leader
12. Projektplan: Project Plan
13. Schreibtisch: Desk
14. Stuhl: Chair
15. Team: Team
16. Test: Test
17. Tippen: Type
18. Update: Update
19. Weg: Way

5. Ein Erfolgreiches Ende

Das letzte Kapitel zeigt, wie das Projekt erfolgreich abgeschlossen wird und wie Max seine Erfahrungen reflektiert.

Max (steht vor dem Team): „Guten Morgen, alle zusammen. Heute feiern wir unseren Erfolg. Der Kunde ist mit dem Projekt sehr zufrieden."

Das Team, sichtlich erleichtert und glücklich, klatscht und lächelt.

Max: „Ich denke, dass wir ein großartiges Team sind. Jeder von euch hat hervorragende Arbeit geleistet."

Frau Weber: „Danke, Max. Ohne deine Führung hätten wir das nicht geschafft."

Max schaut auf die Gesichter seiner Teamkollegen.

Max: „Danke für Ihre harte Arbeit und Unterstützung. Das war nicht immer einfach, aber wir haben es zusammen geschafft."

Das Team beginnt, über die erreichten Erfolge zu sprechen und die gemeinsame Arbeit zu schätzen.

Max: „Wir haben das Projekt erfolgreich abgeschlossen. Was denkt ihr über neue Projekte in der Zukunft?"

Herr Lehmann: „Ich bin bereit für neue Herausforderungen. Lass uns weitermachen!"

Max lächelt und plant ein abschließendes Online-Meeting, um Feedback zu sammeln.

Max (im Online-Meeting): „Ich freue mich sehr über das positive Feedback und eure Vorschläge für die Zukunft."

Nach dem Meeting setzt sich Max an seinen Computer, um eine Dankes-E-Mail an das Team zu senden.

Max (tippt): „Liebes Team, ich möchte mich bei jedem einzelnen von euch für die harte Arbeit und das Engagement bedanken. Ich freue mich auf unsere zukünftige Zusammenarbeit. Mit freundlichen Grüßen, Max."

Max sendet die E-Mail und fühlt sich bereit für neue Herausforderungen. Er blickt optimistisch auf seine Zukunft in der deutschen Tech-Welt und ist dankbar für die Erfahrungen und das Wissen, das er auf dieser Reise gesammelt hat. Die Geschichte endet mit Max' optimistischem Blick auf seine Karriere und die vielen Möglichkeiten, die noch vor ihm liegen.

1. Abschließendes: Concluding
2. Dankes-E-Mail: Thank-you Email
3. Engagement: Commitment
4. Erfahrungen: Experiences
5. Erfolg: Success
6. Führung: Leadership
7. Gemeinsame Arbeit: Collaborative Work
8. Herausforderungen: Challenges
9. Karriere: Career
10. Kunde: Customer
11. Online-Meeting: Online Meeting
12. Optimistisch: Optimistic
13. Teamkollegen: Team Colleagues
14. Unterstützung: Support
15. Vorschläge: Suggestions
16. Zusammenarbeit: Collaboration
17. Zukünftige (adj.): Future

Professional email and communication etiquette in German

Professionelle E-Mail- und Kommunikationsetikette im deutschen Büro

Einführung

In einem deutschen Büro ist es wichtig, professionelle E-Mail- und Kommunikationsetikette zu beherrschen. Dies ist besonders relevant für diejenigen, die in der Tech-Industrie arbeiten. Hier sind einige grundlegende Richtlinien für das Schreiben von E-Mails und die Kommunikation im Büro auf Deutsch.

1. Professionelle E-Mail-Struktur

- Anrede: Beginnen Sie mit einer höflichen Anrede, wie „Sehr geehrte Frau [Nachname]" oder „Sehr geehrter Herr [Nachname]".

- Einleitung: Führen Sie kurz ein, worum es in Ihrer E-Mail geht. Zum Beispiel: „Ich schreibe Ihnen bezüglich..."

- Hauptteil: Seien Sie klar und direkt. Beschreiben Sie Ihr Anliegen oder Ihre Frage. Zum Beispiel: „Ich habe eine Frage zu..."

- Abschluss: Enden Sie mit einer höflichen Formulierung, wie „Ich freue mich auf Ihre Antwort" oder „Vielen Dank im Voraus für Ihre Hilfe".

- Grußformel: Beenden Sie die E-Mail mit „Mit freundlichen Grüßen" gefolgt von Ihrem Namen.

2. Klare und höfliche Kommunikation

- Verwenden Sie einfache und verständliche Sätze.

- Seien Sie respektvoll und freundlich, auch wenn Sie um etwas bitten oder ein Problem melden.

- Vermeiden Sie umgangssprachliche Ausdrücke und wählen Sie stattdessen professionelle Formulierungen.

3. E-Mail-Tipps für den Tech-Bercich

- Technische Details: Wenn Sie über technische Aspekte schreiben, seien Sie präzise, aber vermeiden Sie zu komplexe Fachsprache.

- Anhänge: Wenn Sie Dateien anhängen, erwähnen Sie dies im E-Mail-Text und stellen Sie sicher, dass die Dateien sicher und virenfrei sind.

- Antworten: Beantworten Sie E-Mails zeitnah und bedanken Sie sich, wenn jemand Ihnen hilft.

4. Remote-Arbeit und digitale Kommunikation

- Bei der Kommunikation über digitale Plattformen wie Slack oder Microsoft Teams, halten Sie sich an dieselben Höflichkeitsregeln wie bei E-Mails.

- In Videokonferenzen sollten Sie pünktlich sein und während der Besprechung nicht abgelenkt wirken.

- Verwenden Sie klare und präzise Sprache und seien Sie respektvoll gegenüber den Meinungen anderer.

Fazit

Gute Kommunikation ist der Schlüssel zum Erfolg in einem deutschen Tech-Büro. Indem Sie diese Tipps befolgen, können Sie sicherstellen, dass Ihre E-Mails und Ihre Kommunikation professionell und respektvoll sind. Üben Sie regelmäßig, um Ihre Fähigkeiten zu verbessern und sich im deutschen Büroumfeld wohler zu fühlen.

1. Anhänge: Attachments
2. Anrede: Salutation
3. Antworte: Replies
4. Besprechung: Meeting
5. Digitale Plattformen: Digital Platforms
6. Einleitung: Introduction
7. Fachsprache: Technical Language
8. Formulierung: Formulation
9. Grußformel: Complimentary Close

10. Hauptteil: Main Part
11. Kommunikationsetikette: Communication Etiquette
12. Microsoft Teams: Microsoft Teams
13. Präzise: Precise
14. Professionell: Professional
15. Remote-Arbeit: Remote Work
16. Respektvoll: Respectful
17. Schlüssel: Key
18. Slack: Slack
19. Tech-Büro: Tech Office
20. Tech-Industrie: Tech Industry
21. Umgangssprachliche Ausdrücke: Colloquial Expressions
22. Videokonferenzen: Video Conferences
23. Virenfrei: Virus-Free

Beispiel-E-Mails auf Deutsch (A2-Niveau)

Beispiel 1: Anfrage zu Software-Update

Betreff: Anfrage bezüglich des neuesten Software-Updates

Sehr geehrter Herr Schmidt,

ich hoffe, es geht Ihnen gut. Ich schreibe Ihnen, um Informationen über das neueste Update unserer Projektmanagement-Software zu erhalten. Könnten Sie mir bitte mitteilen, welche neuen Funktionen hinzugefügt wurden und ob es wichtige Änderungen gibt?

Vielen Dank im Voraus für Ihre Hilfe. Ich freue mich auf Ihre Antwort.

Mit freundlichen Grüßen,

Max Mustermann

Beispiel 2: Bericht eines technischen Problems

Betreff: Technisches Problem mit dem Firmenlaptop

Sehr geehrte Frau Müller,

ich hoffe, diese E-Mail findet Sie wohl. Ich möchte ein Problem mit meinem Firmenlaptop melden. Seit gestern funktioniert das WLAN nicht mehr richtig und ich kann keine Verbindung zum Internet herstellen. Könnten Sie mir bitte helfen, dieses Problem zu lösen?

Vielen Dank für Ihre Unterstützung.

Mit freundlichen Grüßen,

Anna Schmidt

Beispiel 3: Anfrage zur Teilnahme an einer IT-Schulung

Betreff: Anfrage zur Teilnahme an der IT-Sicherheitsschulung

Sehr geehrter Herr Bauer,

ich hoffe, Sie genießen einen angenehmen Tag. Ich habe von der geplanten IT-Sicherheitsschulung nächste Woche gehört und bin sehr interessiert daran teilzunehmen. Könnten Sie mir bitte die Details zur Anmeldung und zum Schulungsplan senden?

Vielen Dank für Ihre Hilfe und Ihre Zeit.

Mit freundlichen Grüßen,

Laura Neumann

1. Anfrage: Inquiry
2. Anmeldung: Registration
3. Änderungen: Changes
4. Bericht: Report
5. Betreff: Subject
6. Firmenlaptop: Company Laptop
7. Funktionen: Functions
8. IT-Schulung: IT Training
9. IT-Sicherheitsschulung: IT Security Training
10. Projektmanagement-Software: Project Management Software
11. Schulungsplan: Training Schedule
12. Software-Update: Software Update
13. Teilnahme: Participation
14. Unterstützung: Support
15. Verbindung: Connection
16. WLAN: WLAN (Wireless Local Area Network)

Remote work and digital collaboration terminology

Fernarbeit und digitale Zusammenarbeit: Grundlegende Begriffe

Einführung

In der heutigen Arbeitswelt, besonders im deutschen Tech-Bereich, ist die Fernarbeit (Homeoffice) und digitale Zusammenarbeit immer wichtiger geworden. Um effektiv zu arbeiten und zu kommunizieren, ist es hilfreich, einige grundlegende Begriffe zu kennen. Hier ist ein einfacher Leitfaden für A2-Deutschlerner.

1. Fernarbeit (Homeoffice)

- **Homeoffice**: Das Arbeiten von zu Hause aus.

- **Flexibles Arbeiten**: Die Möglichkeit, Arbeitszeiten und -orte flexibel zu wählen.

- **Virtuelles Büro**: Ein Arbeitsumfeld, das hauptsächlich digital existiert.

2. Digitale Zusammenarbeit

- **Videokonferenz**: Ein digitales Treffen, bei dem man sich per Video sieht und spricht.

- **Online-Meeting**: Ein Treffen, das über das Internet stattfindet.

- **Webinar**: Ein Seminar, das online durchgeführt wird.

3. Werkzeuge für die digitale Zusammenarbeit

- **Chat-Programm**: Ein Programm, mit dem man Nachrichten in Echtzeit senden kann.

- **Projektmanagement-Tool**: Eine Software, um Projekte und Aufgaben zu organisieren.

- **Cloud-Speicher**: Ein Ort im Internet, um Dateien zu speichern und zu teilen.

4. Kommunikation in der Fernarbeit

- **E-Mail**: Eine Nachricht, die man digital verschickt.

- **Instant Messaging**: Schnelles Versenden von Nachrichten über das Internet.

- **Screen Sharing**: Teilen des eigenen Bildschirms mit anderen während einer Videokonferenz.

5. Etikette in der digitalen Kommunikation

- **Netiquette**: Die Regeln für gutes Benehmen im Internet.

- **Klare Kommunikation**: Direkt und einfach sprechen oder schreiben.

- **Respektvolles Verhalten**: Höflich sein, auch wenn man nicht persönlich zusammen ist.

Fazit

Die Kenntnis dieser Begriffe hilft, sich in der Welt der Fernarbeit und digitalen Zusammenarbeit besser zurechtzufinden. Es ist wichtig, immer klar und respektvoll zu kommunizieren, egal ob per E-Mail, in Online-Meetings oder über Chat-Programme. Mit der Zeit wird die Nutzung dieser Begriffe und Werkzeuge zur zweiten Natur.

Das digitale Abenteuer von Max

1. Max beginnt im Homeoffice

Max startet seinen ersten Tag im Homeoffice. Er schaut sich um und denkt: „Endlich, mein eigenes Büro zu Hause!" Er richtet seinen Schreibtisch ein, stellt den Laptop darauf und öffnet ihn.

Max (überprüft seine E-Mails): „Mal sehen, was heute ansteht."

Er findet eine E-Mail über eine bevorstehende Videokonferenz und murmelt: „Oh, eine Konferenz um 10 Uhr. Ich sollte alles vorbereiten."

Max testet seine Kamera und das Mikrofon. Alles funktioniert einwandfrei. Er verbindet sich zum Online-Meeting.

Max (im Meeting): „Guten Morgen, alle zusammen. Ich hoffe, es geht euch gut."

Die Kollegen begrüßen Max zurück. Herr Schmidt, der Teamleiter, beginnt die Diskussion über ein neues Projekt. Max hört aufmerksam zu und macht Notizen.

Max (nach einer Weile): „Ich habe eine Idee für das Projekt. Was wäre, wenn wir die Benutzeroberfläche benutzerfreundlicher gestalten?"

Herr Schmidt: „Das klingt interessant, Max. Erzähl uns mehr darüber."

Max erklärt seine Idee. Die Kollegen nicken zustimmend, und Max fühlt sich motiviert durch das positive Feedback.

Nachdem die Konferenz endet, erstellt Max eine To-Do-Liste im Projektmanagement-Tool und speichert wichtige Dokumente im Cloud-Speicher.

Max (schreibt eine E-Mail): „Sehr geehrte Kollegen, hier ist eine kurze Zusammenfassung unserer heutigen Besprechung. Ich freue mich auf unser Projekt. Mit freundlichen Grüßen, Max."

Er sendet die E-Mail und plant seine Aufgaben für den nächsten Tag.

Max (zu sich selbst): „Ein erfolgreicher erster Tag im Homeoffice. Jetzt geht's los!"

Er schließt den Laptop, lehnt sich zurück und lächelt zufrieden. Der erste Tag im Homeoffice endet erfolgreich, und Max ist gespannt auf die kommenden Herausforderungen.

1. Benutzeroberfläche: User Interface
2. Besprechung: Meeting
3. Cloud-Speicher: Cloud Storage
4. E-Mail: Email
5. Homeoffice: Home Office
6. Idee: Idea
7. Kamera: Camera
8. Kollegen: Colleagues
9. Konferenz: Conference
10. Laptop: Laptop
11. Mikrofon: Microphone
12. Notizen: Notes
13. Online-Meeting: Online Meeting
14. Projekt: Project
15. Projektmanagement-Tool: Project Management Tool
16. Schreibtisch: Desk
17. Teamleiter: Team Leader
18. To-Do-Liste: To-Do List
19. Videokonferenz: Video Conference
20. Zusammenfassung: Summary

2. Herausforderungen im Homeoffice

Am nächsten Tag wacht Max auf und bemerkt, dass sein Internet nicht funktioniert.

Max (ruft beim IT-Support an): „Guten Morgen, ich habe Probleme mit meinem Internet. Können Sie mir helfen?"

Während er auf eine Antwort wartet, verbindet er sein Smartphone als Hotspot, um online zu bleiben. Plötzlich erhält er eine dringende Nachricht über Instant Messaging.

Kollege (über Instant Messaging): „Max, wir haben ein Problem mit dem Projekt. Können wir schnell ein Meeting machen?"

Max: „Klar, lass uns ein Online-Meeting organisieren."

Sie starten das Meeting, und Max nutzt die Funktion „Screen Sharing", um das Problem zu zeigen.

Max: „Seht ihr das Problem hier auf dem Bildschirm?"

Kollege: „Ah, jetzt verstehe ich. Lass uns versuchen, das so zu lösen..."

Gemeinsam finden sie eine Lösung. Max aktualisiert dann die Projektinformationen im Projektmanagement-Tool.

Nach der intensiven Arbeit nimmt sich Max eine kurze Pause und geht spazieren, um den Kopf freizubekommen.

Zurück zu Hause prüft Max seine E-Mails und sendet Updates zum Projekt an sein Team.

Max (schreibt E-Mail): „Liebes Team, hier sind die neuesten Updates zum Projekt. Ich freue mich auf euer Feedback. Grüße, Max."

Max plant auch ein Webinar für das nächste Training und führt ein Telefongespräch mit einem Kunden, um Updates zu geben.

Max (am Telefon): „Hallo Herr Müller, ich wollte Sie über den Fortschritt unseres Projekts informieren..."

Trotz der Herausforderungen des Tages bleibt Max produktiv und bewältigt seine Aufgaben erfolgreich. Er schließt den Tag ab und freut sich auf die nächsten Herausforderungen im Homeoffice.

1. Bildschirm: Screen
2. E-Mail: Email
3. Fortschritt: Progress
4. Handy: Mobile phone
5. Instant Messaging: Instant Messaging
6. Kollege: Colleague
7. Online-Meeting: Online Meeting

8. Pause: Break
9. Projektinformationen: Project Information
10. Projektmanagement-Tool: Project Management Tool
11. Screen Sharing: Screen Sharing
12. Smartphone: Smartphone
13. Spazieren: Walk
14. Telefon: Phone
15. Telefongespräch: Phone Call

3. Teamarbeit aus der Ferne

Max startet seinen Tag mit einem Team-Chat.

Max (im Chat): „Guten Morgen, Team! Was steht heute auf der Agenda?"

Kollegin: „Guten Morgen, Max. Heute müssen wir den Projektplan aktualisieren und die Aufgaben verteilen."

Max arbeitet konzentriert an seiner Aufgabe und speichert seine Dateien im Cloud-Speicher. Später am Tag nimmt er an einem Webinar teil, um mehr über digitale Projektmanagement-Tools zu lernen.

Nach dem Webinar teilt Max seine neuen Erkenntnisse im Team-Chat.

Max: „Das Webinar war sehr informativ. Ich habe einige nützliche Tipps zu unserem Projektmanagement-Tool gelernt."

Das Team beschließt, eine große Videokonferenz zu planen. Max bereitet eine Präsentation vor und fühlt sich aufgeregt, aber bereit.

Während der Videokonferenz präsentiert Max seine Ideen.

Max (in der Konferenz): „Hier sehen Sie meine Vorschläge zur Verbesserung unseres Projektplans."

Das Team diskutiert die Präsentation und die nächsten Schritte des Projekts. Max notiert die Aufgaben und Verantwortlichkeiten.

Nach der Konferenz sendet Max eine Zusammenfassung per E-Mail an das Team.

Max (schreibt E-Mail): „Liebes Team, hier sind die Notizen von unserer Konferenz. Ich freue mich auf unsere weitere Zusammenarbeit. Grüße, Max."

Kurz darauf erhält Max eine E-Mail von seinem Chef.

Chef (per E-Mail): „Hallo Max, tolle Arbeit bei der Präsentation heute. Weiter so!"

Max hilft auch einem neuen Kollegen, sich im Team zurechtzufinden, indem er im Chat Fragen beantwortet.

Neuer Kollege: „Danke für deine Hilfe, Max. Das erleichtert mir den Einstieg enorm."

Zum Abschluss des Tages aktualisiert Max das Projektmanagement-Tool mit den neuesten Informationen. Das Team feiert den Fortschritt, den sie trotz der Distanz gemacht haben.

Max (zu sich selbst): „Trotz der Entfernung sind wir ein starkes Team. Ich bin stolz darauf, ein Teil davon zu sein."

Max schließt seinen Laptop, zufrieden mit dem heutigen Tag. Er freut sich darauf, am nächsten Tag weiterzumachen.

1. Aufgabe: Task
2. Aufgaben verteilen: Distribute Tasks
3. Cloud-Speicher: Cloud Storage
4. Dateien: Files
5. Digitale Projektmanagement-Tools: Digital Project Management Tools
6. Erkenntnisse: Insights
7. Konferenz: Conference
8. Kollege: Colleague
9. Präsentation: Presentation
10. Projekt: Project
11. Projektmanagement-Tool: Project Management Tool
12. Projektplan: Project Plan
13. Team-Chat: Team Chat
14. Videokonferenz: Video Conference

15. Zusammenarbeit: Collaboration
16. Zusammenfassung: Summary

4. Ein unerwartetes Problem

Max beginnt den Tag mit guter Laune. Doch als er seinen Laptop öffnet, bemerkt er ein Problem.

Max (zu sich selbst): „Komisch, ich kann nicht auf den Cloud-Speicher zugreifen."

Er informiert sein Team über das Problem in einem Chat.

Max (im Chat): „Hallo Team, ich habe gerade ein Problem mit dem Cloud-Speicher. Arbeitet er bei euch?"

Kollegin: „Bei mir funktioniert alles. Versuche es vielleicht noch einmal."

Max versucht, das Problem selbst zu lösen, aber ohne Erfolg. Daraufhin kontaktiert er den IT-Support per Instant Messaging.

Max (zum IT-Support): „Guten Morgen, ich kann nicht auf den Cloud-Speicher zugreifen. Können Sie mir helfen?"

IT-Support: „Hallo Max, ich sehe mir das Problem sofort an. Einen Moment bitte."

Nach einigen Minuten hilft der IT-Support Max, das Problem zu beheben.

Max (dankbar): „Vielen Dank für Ihre schnelle Hilfe!"

Max arbeitet nun intensiv, um die verlorene Zeit aufzuholen. Er nimmt an einem spontanen Online-Meeting teil, um die Auswirkungen des Problems zu besprechen.

Max (im Meeting): „Entschuldigung für das Problem heute Morgen. Ich möchte helfen, den Plan wieder auf Kurs zu bringen."

Das Team diskutiert und entwickelt einen neuen Plan. Max bietet seine Unterstützung an und arbeitet eng mit dem Team zusammen.

Nach dem Meeting schreibt Max eine beruhigende E-Mail an den Kunden, um über die Verzögerung zu informieren.

Max (schreibt): „Sehr geehrter Kunde, wir hatten heute Morgen ein kleines technisches Problem, aber es ist jetzt gelöst. Wir arbeiten hart daran, die Verzögerung aufzuholen. Beste Grüße, Max."

Max bleibt länger wach, um seine Aufgaben zu beenden und denkt dabei über die Wichtigkeit von Teamarbeit nach.

Max (zu sich selbst): „Ohne mein Team hätte ich das heute nicht geschafft. Teamarbeit ist wirklich wichtig."

Erschöpft, aber zufrieden mit dem, was er und sein Team erreicht haben, geht Max ins Bett. Er ist dankbar für die Unterstützung seines Teams und freut sich auf die Herausforderungen des nächsten Tages.

1. Aufholen: Catch Up
2. Auswirkungen: Implications
3. Cloud-Speicher: Cloud Storage
4. Instant Messaging: Instant Messaging
5. Kunde: Customer
6. Online-Meeting: Online Meeting
7. Spontan: Spontaneous
8. Teamarbeit: Teamwork
9. Technisches Problem: Technical Problem
10. Unterstützung: Support
11. Verzögerung: Delay
12. Wichtigkeit: Importance

5. Erfolg und Anerkennung

Max wacht auf und fühlt sich ausgeruht. Er greift nach seinem Laptop, um seine E-Mails zu prüfen.

Max (liest eine E-Mail vom Kunden): „Wow, der Kunde ist mit unserer Arbeit sehr zufrieden. Das ist großartig!"

Erfreut über die positive Nachricht, nimmt Max an einer Videokonferenz teil, um den Erfolg mit dem Team zu feiern.

Max (in der Videokonferenz): „Ich möchte mich bei euch allen bedanken. Ohne eure harte Arbeit und Zusammenarbeit hätten wir das nicht geschafft."

Team: „Danke, Max. Wir sind auch sehr stolz auf das, was wir erreicht haben!"

Der Chef des Teams schaltet sich in die Konferenz ein.

Chef: „Guten Morgen, Team. Ich möchte euch allen gratulieren, besonders dir, Max, für deine Führungsrolle in diesem Projekt."

Max fühlt sich geschmeichelt und stolz.

Max: „Vielen Dank, Chef. Es war eine Teamleistung."

Um den Erfolg zu feiern, plant Max ein virtuelles Team-Event mit Spielen und lockeren Gesprächen.

Max (schreibt im Chat): „Hallo Team, lasst uns diesen Freitag ein virtuelles Event machen, um unseren Erfolg zu feiern!"

Das Team ist begeistert von der Idee. Sie verbringen eine fröhliche Zeit zusammen und stärken ihren Teamgeist.

Inspiriert von den jüngsten Erfahrungen schreibt Max einen Blogbeitrag über erfolgreiche Fernarbeit und teilt ihn online.

Max (liest die Kommentare): „Wow, so viele positive Rückmeldungen zu meinem Beitrag. Das motiviert mich!"

Nachdenklich über zukünftige Projekte schickt Max eine motivierende E-Mail an sein Team.

Max (tippt): „Liebes Team, ich freue mich auf unsere zukünftigen Projekte. Lasst uns weiterhin Großartiges leisten!"

Max schließt seinen Laptop und blickt nachdenklich aus dem Fenster. Er freut sich auf neue Herausforderungen und Möglichkeiten.

Die Geschichte endet mit Max' Zuversicht und Vorfreude auf die Zukunft, bereit für alles, was kommt.

1. Anerkennung: Recognition
2. Blogbeitrag: Blog Post
3. Chef: Boss
4. Erfolg: Success
5. Fernarbeit: Remote Work
6. Führungsrolle: Leadership Role
7. Gespräche: Conversations
8. Gratulieren: Congratulate
9. Herausforderungen: Challenges
10. Kommentare: Comments
11. Motivierend: Motivational
12. Rückmeldungen: Feedback
13. Team-Event: Team Event
14. Teamgeist: Team Spirit
15. Videokonferenz: Video Conference
16. Virtuell: Virtual
17. Zusammenarbeit: Collaboration
18. Zukünftige Projekte: Future Projects

Chapter 4: Inside the German Tech Industry

Overview of key tech hubs in Germany (Berlin, Munich, Hamburg, etc.)

Überblick über die wichtigsten Technologiezentren in Deutschland

Einführung

Deutschland ist bekannt für seine fortschrittliche Technologieindustrie. In diesem Artikel werfen wir einen Blick auf die wichtigsten Technologiezentren in Deutschland wie Berlin, München und Hamburg.

1. Berlin - Das dynamische Tech-Zentrum

- Berlin ist bekannt als das „Silicon Valley" Europas.
- Die Stadt ist ein Hotspot für Startups und Innovationen.
- Viele internationale Tech-Unternehmen haben hier ihre Büros.
- Berlin bietet eine lebhafte Szene für junge Unternehmen und Gründer.

2. München - Der High-Tech-Standort

- München ist ein Zentrum für High-Tech-Industrien.
- Die Stadt beherbergt viele große Technologieunternehmen und Forschungseinrichtungen.
- München ist bekannt für seine starke Automobil- und Elektronikbranche.
- Die Stadt bietet auch viele Möglichkeiten im Bereich Software-Entwicklung.

3. Hamburg - Der Tor zur Welt der Technologie

- Hamburg spielt eine wichtige Rolle im deutschen Tech-Sektor.
- Die Stadt hat einen Fokus auf Medientechnologie und Logistik.
- Viele Tech-Startups sind hier zu finden, besonders im Bereich der digitalen Medien.

- Hamburg ist auch ein wichtiger Standort für die Luft- und Raumfahrtindustrie.

4. Andere Tech-Hubs in Deutschland

- Neben diesen Städten gibt es auch andere wichtige Tech-Zentren wie Frankfurt, Stuttgart und Köln.

- Frankfurt ist ein führendes Zentrum für Finanztechnologie (FinTech).

- Stuttgart hat eine starke Präsenz in der Automobiltechnik.

- Köln ist bekannt für seine Medien- und Kommunikationstechnologie.

Fazit

Deutschland bietet eine vielfältige und dynamische Technologielandschaft. Jede Stadt hat ihre eigenen Stärken und Spezialisierungen. Dies macht Deutschland zu einem spannenden und attraktiven Ort für Fachleute und Enthusiasten im Technologiebereich.

1. Automobil- und Elektronikbranche: Automotive and Electronics Industry
2. Automobiltechnik: Automotive Technology
3. Finanztechnologie (FinTech): Financial Technology (FinTech)
4. Forschungseinrichtungen: Research Institutions
5. Gründer: Entrepreneurs
6. High-Tech-Industrien: High-Tech Industries
7. Köln: Cologne
8. Logistik: Logistics
9. Luft- und Raumfahrtindustrie: Aerospace Industry
10. Medientechnologie: Media Technology
11. Medien- und Kommunikationstechnologie: Media and Communication Technology
12. München: Munich
13. Software-Entwicklung: Software Development
14. Tech-Unternehmen: Tech Companies
15. Technologiezentren: Technology Centers

16. Technologieindustrie: Technology Industry
17. Technologielandschaft: Technology Landscape

Profiles of major tech companies and startups in German-speaking regions

Profile großer Technologieunternehmen und Startups im deutschsprachigen Raum

Einführung

Deutschland ist die Heimat einiger weltweit führender Technologieunternehmen und innovativer Startups. In diesem Artikel werfen wir einen Blick auf einige der bedeutenden Unternehmen und jungen Startups in den deutschsprachigen Regionen.

1. Große Technologieunternehmen

- **SAP**: Einer der weltweit größten Softwarehersteller mit Hauptsitz in Walldorf. SAP ist spezialisiert auf Unternehmenssoftware zur Verwaltung von Geschäftsprozessen.

- **Siemens**: Ein global agierendes Unternehmen mit Sitz in München, bekannt für seine Lösungen in den Bereichen Elektrifizierung, Automatisierung und Digitalisierung.

- **Bosch**: Mit Hauptsitz in Stuttgart, ist Bosch führend in der Automobil- und Industrietechnik, sowie bei Haushaltsgeräten und Werkzeugen.

2. Erfolgreiche Startups

- **Zalando**: Ein in Berlin ansässiges E-Commerce-Unternehmen, das sich auf Mode spezialisiert hat und in vielen europäischen Ländern aktiv ist.

- **HelloFresh**: Ein weiteres Berliner Unternehmen, das Kochboxen mit vorportionierten Zutaten und Rezepten liefert.

- **N26**: Ein in Berlin ansässiges FinTech-Unternehmen, das mobiles Banking anbietet und sich durch Benutzerfreundlichkeit und moderne Technologie auszeichnet.

3. Die Rolle der Startups

- Startups wie diese spielen eine wichtige Rolle in der deutschen Tech-Industrie.

- Sie bringen Innovation und frische Ideen in den Markt.

- Viele dieser Unternehmen konzentrieren sich auf digitale Lösungen und neue Geschäftsmodelle.

4. Wachsende Sektoren

- In Deutschland wachsen Sektoren wie E-Commerce, digitales Banking und Technologien für nachhaltige Energie.

- Startups in diesen Bereichen ziehen oft internationale Investitionen an.

Fazit

Sowohl etablierte Unternehmen als auch neue Startups formen das Gesicht der deutschen Tech-Industrie. Sie bieten innovative Lösungen und treiben den technologischen Fortschritt voran. Für Fachleute in der Technologiebranche bieten diese Unternehmen spannende Karrierechancen und die Möglichkeit, an der Spitze der technologischen Entwicklung zu stehen.

1. Automatisierung: Automation
2. Digitales Banking: Digital Banking
3. Elektrifizierung: Electrification
4. FinTech-Unternehmen: FinTech Company
5. Geschäftsmodelle: Business Models
6. Geschäftsprozesse: Business Processes
7. Haushaltsgeräte: Household Appliances
8. Industrietechnik: Industrial Technology
9. Kochboxen: Cooking Boxes
10. Nachhaltige Energie: Sustainable Energy
11. Softwarehersteller: Software Manufacturer
12. Technologische Entwicklung: Technological Development
13. Unternehmenssoftware: Enterprise Software
14. Werkzeuge: Tools

Understanding German workplace culture in the tech sector

Verständnis der Arbeitskultur im deutschen Technologiebereich

Einführung

Die Arbeitskultur in der deutschen Technologiebranche hat einige Besonderheiten, die sie von anderen Ländern unterscheidet. In diesem Artikel betrachten wir, was die Arbeitskultur im deutschen Tech-Sektor ausmacht.

1. Pünktlichkeit und Effizienz

- In Deutschland wird großer Wert auf Pünktlichkeit gelegt. Sowohl bei Meetings als auch bei der täglichen Arbeit wird erwartet, dass man rechtzeitig und vorbereitet ist.

- Effizienz ist ebenfalls wichtig. Arbeitsprozesse sind oft gut strukturiert und organisiert.

2. Arbeitsplatzstruktur

- Die Arbeitsumgebung in der Tech-Industrie ist häufig locker und modern gestaltet.

- Trotzdem gibt es eine klare Hierarchie, und Entscheidungen werden oft von oben nach unten getroffen.

- Teamarbeit wird geschätzt, und die Mitarbeitenden werden ermutigt, ihre Meinungen und Ideen einzubringen.

3. Work-Life-Balance

- In Deutschland wird auf eine gute Work-Life-Balance geachtet.

- Überstunden sind weniger verbreitet als in vielen anderen Ländern.

- Viele Unternehmen bieten flexible Arbeitszeiten und Homeoffice-Optionen an.

4. Innovation und Weiterbildung

- Deutsche Tech-Unternehmen legen Wert auf Innovation und die ständige Weiterbildung ihrer Mitarbeitenden.

- Mitarbeiter werden oft ermutigt, an Schulungen und Konferenzen teilzunehmen.

- Es gibt eine starke Kultur der ständigen Verbesserung und des Lernens.

5. Respekt und Professionalität

- Im Umgang miteinander wird Respekt und Professionalität großgeschrieben.

- Kommunikation ist direkt, aber höflich.

- Persönliche und berufliche Grenzen werden respektiert.

Fazit

Die Arbeitskultur im deutschen Tech-Sektor kombiniert Effizienz und Struktur mit einer lockeren Atmosphäre und einem Fokus auf Work-Life-Balance. Respekt, Professionalität und ständiges Lernen sind Schlüsselaspekte, die diese Arbeitskultur prägen. Für Arbeitnehmer in der Tech-Branche bietet Deutschland damit ein umfassendes und angenehmes Arbeitsumfeld.

1. Arbeitskultur: Work Culture
2. Arbeitsplatzstruktur: Workplace Structure
3. Arbeitsprozesse: Work Processes
4. Arbeitsumgebung: Work Environment
5. Effizienz: Efficiency
6. Hierarchie: Hierarchy
7. Homeoffice-Optionen: Home Office Options
8. Konferenzen: Conferences
9. Mitarbeitende: Employees
10. Pünktlichkeit: Punctuality
11. Schulungen: Trainings
12. Teamarbeit: Teamwork
13. Tech-Industrie: Tech Industry
14. Tech-Sektor: Tech Sector
15. Weiterbildung: Continuing Education
16. Work-Life-Balance: Work-Life Balance
17. Überstunden: Overtime

Aus Amerika nach Berlin

1. Jacks Ankunft in Berlin

Jack kommt aus den USA in Berlin an, um in der Tech-Industrie zu arbeiten. Er ist voller Aufregung, aber auch ein wenig nervös über seine neue Stelle.

Am ersten Arbeitstag verlässt Jack sein neues Zuhause und unterschätzt den Berliner Verkehr.

Jack (schaut auf die Uhr): „Oh nein, ich bin spät dran!“

Als er im Büro ankommt, sind seine deutschen Kollegen überrascht. Ein Kollege, Markus, spricht ihn an.

Markus: „Hallo Jack, du bist spät. Pünktlichkeit ist hier sehr wichtig.“

Jack: „Tut mir leid, ich habe den Verkehr unterschätzt. Das passiert nicht wieder.“

Im ersten Meeting merkt Jack, wie strukturiert es zugeht.

Jack (versucht, einen Witz zu machen): „In Amerika sind Meetings nicht so ernst.“

Die Kollegen lachen nicht. Eine Kollegin, Anna, spricht ihn danach an.

Anna: „In Deutschland sind Meetings meistens sehr formell.“

Jack: „Das ist anders als in den USA. Danke für den Hinweis.“

Nach dem Meeting gibt Anna Jack einige Tipps.

Anna: „Versuche, deine Punkte klar und direkt zu präsentieren. Das wird geschätzt.“

Jack: „Vielen Dank, Anna. Ich werde daran arbeiten.“

In der Mittagspause erklärt Markus ihm die Kantine und die Essenskultur.

Markus: „Hier in Deutschland nehmen wir uns Zeit für das Mittagessen. Komm, ich zeige dir die Kantine.“

Jack: „Das ist interessant. In den USA essen viele am Schreibtisch."

Am Ende des Tages ist Jack müde, aber glücklich über seine Entscheidung, nach Berlin gekommen zu sein.

Jack (schreibt in sein Tagebuch): „Mein erster Tag war eine Herausforderung, aber ich freue mich darauf, mehr zu lernen und mich anzupassen."

Er schläft ein, gespannt auf das, was die Zukunft in Berlin für ihn bereithält.

1. Ankunft: Arrival
2. Aufregung: Excitement
3. Berliner Verkehr: Berlin Traffic
4. Büro: Office
5. Essenskultur: Food Culture
6. Formell: Formal
7. Hinweis: Hint
8. Kantine: Canteen
9. Kollege: Colleague
10. Kollegin: Female Colleague
11. Mittagessen: Lunch
12. Punkte: Points
13. Pünktlichkeit: Punctuality
14. Schreibtisch: Desk
15. Stelle: Position
16. Tagebuch: Diary
17. Tech-Industrie: Tech Industry
18. Zuhause: Home

2. Verständnis der Arbeitskultur

Am nächsten Tag achtet Jack darauf, pünktlich ins Büro zu kommen.

Jack (denkt): „Heute muss ich pünktlich sein. Ich will einen guten Eindruck machen."

Im Büro bemerkt Jack, wie konzentriert und effizient seine Kollegen arbeiten. Er versucht, mit der Geschwindigkeit Schritt zu halten, findet es aber schwierig.

Ein Kollege, Thomas, bemerkt Jacks Anstrengung.

Thomas: „Hallo Jack, du siehst ein bisschen überfordert aus. Kann ich helfen?"

Jack: „Ja, das wäre toll. Ich versuche noch, mit allem klarzukommen."

Thomas erklärt Jack, wie man Aufgaben effizient organisiert und priorisiert.

Thomas: „In Deutschland legen wir Wert darauf, unsere Arbeit gut zu planen. So bleiben wir produktiv."

Jack: „Das ist ein guter Tipp. Danke, Thomas."

Jack lernt, dass in Deutschland die Work-Life-Balance wichtig ist und dass Überstunden nicht die Norm sind. Dies überrascht ihn angenehm.

In der Mittagspause lädt Anna Jack ein, sich einer Gruppe anzuschließen.

Anna: „Komm, Jack, schließ dich uns für die Mittagspause an. So lernst du das Team besser kennen."

Jack: „Danke, Anna. Das ist eine gute Idee."

Beim Mittagessen lernt Jack mehr über die deutsche Kultur und Gewohnheiten. Er fühlt sich langsam wohler und integriert sich besser.

Nach der Arbeit gehen Jack und einige Kollegen zusammen ein Bier trinken.

Kollege: „Jack, kommst du mit uns ein Bier trinken? So feiern wir hier den Feierabend."

Jack: „Klar, das klingt toll!"

Beim Bier erklären ihm die Kollegen die Bedeutung von Feierabend und sozialer Zeit nach der Arbeit.

Jack: „Ich finde es toll, wie ihr hier in Deutschland den Feierabend genießt."

Dank der freundlichen Aufnahme seiner Kollegen fühlt sich Jack akzeptiert. Er lernt, dass direkte, aber respektvolle Kommunikation in Deutschland üblich ist.

Am Abend geht Jack nach Hause und denkt darüber nach, wie viel er an diesem Tag gelernt hat.

Jack (zu sich selbst): „Jeder Tag ist eine neue Chance zu lernen. Ich freue mich auf morgen."

Mit einem Gefühl der Zugehörigkeit und des Fortschritts schläft Jack ein, bereit für die Herausforderungen des nächsten Tages.

1. Anstrengung: Effort
2. Aufgaben: Tasks
3. Bier: Beer
4. Direkt: Direct
5. Feierabend: End of Work Day
6. Geschwindigkeit: Speed
7. Gewohnheiten: Habits
8. Gruppe: Group
9. Herausforderungen: Challenges
10. Kollege: Colleague
11. Kommunikation: Communication
12. Kultur: Culture
13. Mittagspause: Lunch Break
14. Organisiert: Organized
15. Planen: Plan
16. Priorisieren: Prioritize
17. Produktiv: Productive
18. Respektvolle: Respectful
19. Soziale Zeit: Social Time
20. Überfordert: Overwhelmed
21. Überstunden: Overtime
22. Work-Life-Balance: Work-Life Balance
23. Zugehörigkeit: Belonging

3. Jacks Fortschritte

Eine Woche später hat sich Jack gut an den Arbeitsrhythmus in Berlin gewöhnt.

Jack (denkt): „Jetzt verstehe ich die Abläufe hier besser. Ich fühle mich effizienter.“

Er nimmt an einem deutschen Sprachkurs teil, den das Unternehmen anbietet.

Markus: „Jack, toll, dass du Deutsch lernst. Wie läuft der Kurs?“

Jack: „Danke, Markus. Es ist herausfordernd, aber ich mache Fortschritte.“

Markus hilft Jack, einige grundlegende deutsche Phrasen zu üben.

Markus: „Versuch mal, ‚Guten Morgen, wie geht es Ihnen?‘ zu sagen.“

Jack: „Guten Morgen, wie geht es Ihnen? War das richtig?“

Markus: „Ja, sehr gut!“

Jack macht immer noch Fehler, aber er lernt aus ihnen. In einem Projektmeeting bringt er seine Ideen ein.

Jack (im Meeting): „Ich habe eine Idee für unser Projekt. Was halten Sie davon?“

Die Kollegen sind beeindruckt von seiner Kreativität und frischen Perspektive.

Kollegin: „Das ist eine interessante Idee, Jack. Wir sollten das weiterverfolgen.“

Jack fühlt sich zunehmend selbstbewusster und wird ein geschätztes Teammitglied.

Am Wochenende erkundet Jack Berlin mit einigen Kollegen.

Jack: „Ich freue mich darauf, das Brandenburger Tor zu sehen. Berlin hat so eine reiche Geschichte.“

Kollege: „Ja, es gibt hier viel zu entdecken. Lass uns losgehen!"

Sie besuchen historische Orte und Jack fühlt sich immer mehr zu Hause in der Stadt.

Am Ende des Tages denkt Jack über seine Erfahrungen nach.

Jack: „Ich bin so dankbar für die Unterstützung und Freundschaft meiner Kollegen. Berlin fühlt sich jetzt wie mein Zuhause an."

Er schläft mit einem Gefühl der Zufriedenheit und Vorfreude auf seine Zukunft in Berlin ein.

1. Abläufe: Processes
2. Arbeitsrhythmus: Work Rhythm
3. Brandenburger Tor: Brandenburg Gate
4. Deutsche Phrasen: German Phrases
5. Effizienter: More Efficient
6. Fehler: Mistakes
7. Fortschritte: Progress
8. Freundschaft: Friendship
9. Geschätztes: Valued
10. Herausfordernd: Challenging
11. Historische Orte: Historical Places
12. Ideen: Ideas
13. Kreativität: Creativity
14. Perspektive: Perspective
15. Selbstbewusster: More Confident
16. Sprachkurs: Language Course
17. Teammitglied: Team Member
18. Unterstützung: Support
19. Zufriedenheit: Satisfaction
20. Zukunft: Future

4. Herausforderungen meistern

Jack wird mit der Leitung eines schwierigen Projekts betraut. Er ist zunächst unsicher.

Jack (denkt): „Kann ich diesen Erwartungen wirklich gerecht werden?"

Er beginnt, lange Stunden zu arbeiten, um das Projekt erfolgreich abzuschließen. Anna, eine Kollegin, bemerkt Jacks Stress.

Anna: „Jack, du siehst sehr gestresst aus. Vergiss nicht die Work-Life-Balance."

Jack: „Ich weiß, aber dieses Projekt ist wirklich wichtig."

Anna: „Ein guter Zeitplan ist wichtig. Lass uns zusammen einen realistischen Plan erstellen."

Mit Annas Hilfe arbeitet Jack an einem besseren Zeitplan für das Projekt.

Jack: „Danke, Anna. Ich lerne, dass es in Ordnung ist, um Hilfe zu bitten."

Jack arbeitet eng mit seinem Team zusammen und lernt, konstruktives Feedback zu geben und zu empfangen.

Jack (im Teammeeting): „Ich denke, wir können hier noch Verbesserungen vornehmen. Was meint ihr?"

Kollege: „Ja, gute Idee, Jack. Wir können das so umsetzen."

Trotz der Herausforderungen bleibt Jack motiviert und positiv. Schließlich wird das Projekt ein großer Erfolg.

Chef: „Tolle Arbeit, Jack. Wir sind beeindruckt von deinem Einsatz."

Jack fühlt sich stolz auf seine Leistung und das, was er gelernt hat. Er erkennt, dass Fehler zum Lernprozess gehören.

Jack: „Jeder Fehler war eine Lektion. Ich habe so viel gelernt."

Das Team feiert den Erfolg des Projekts zusammen.

Jack (beim Feiern): „Danke, Team! Ohne euch wäre das nicht möglich gewesen."

Nach diesem Erfolg fühlt sich Jack viel selbstsicherer in seiner Rolle und in Deutschland. Er geht mit einem Gefühl der Zufriedenheit und Zuversicht nach Hause.

1. Chef: Boss
2. Einsatz: Commitment
3. Erwartungen: Expectations
4. Fehler: Mistakes
5. Feiern: Celebrate
6. Feedback: Feedback
7. Gestresst: Stressed
8. Herausforderungen: Challenges
9. Kollege: Colleague
10. Kollegin: Female Colleague
11. Konstruktiv: Constructive
12. Leistung: Performance
13. Lektion: Lesson
14. Motiviert: Motivated
15. Realistisch: Realistic
16. Selbstsicherer: More Confident
17. Teammeeting: Team Meeting
18. Unsicher: Uncertain
19. Verbesserungen: Improvements
20. Zeitplan: Schedule
21. Zuversicht: Confidence

5. Jacks Erfolgsgeschichte

Einige Monate später ist Jack ein geschätztes Mitglied seines Teams geworden.

Jack (zu sich selbst im Spiegel): „Ich habe es wirklich geschafft, mich hier zu integrieren."

Sein Chef lobt ihn für seine harte Arbeit und seinen Beitrag zum Team.

Chef: „Jack, deine Arbeit war hervorragend. Du bist eine große Bereicherung für unser Team."

Jack: „Vielen Dank, das bedeutet mir viel."

Jack hat gelernt, effektiv und respektvoll mit seinen Kollegen zu kommunizieren. Er hat auch außerhalb der Arbeit Freunde gefunden.

Jack (zu einem Kollegen): „Hast du Lust, am Wochenende mit ein paar Freunden auszugehen?"

Kollege: „Klar, Jack. Das wird bestimmt lustig."

Jack genießt die kulturellen Aktivitäten und das Leben in Berlin.

Jack (bei einem Stadtrundgang): „Diese Stadt hat so viel zu bieten. Mir gefällt es hier."

Er plant, länger in Deutschland zu bleiben und überlegt, seine Karriere weiterzuentwickeln.

Jack (denkt nach): „Ich glaube, ich werde hier noch viele neue Möglichkeiten finden."

Jack beteiligt sich aktiv an weiteren Projekten und bringt seine Ideen ein.

Jack (im Meeting): „Ich habe ein paar Vorschläge, wie wir unser Projekt verbessern könnten."

Er hilft neuen Mitarbeitern, sich einzuleben und teilt seine Erfahrungen.

Neuer Mitarbeiter: „Danke, Jack, dass du mir beim Eingewöhnen hilfst."

Jack: „Kein Problem, ich weiß, wie es ist, neu hier zu sein."

Jack denkt daran, seine Familie in den USA zu besuchen und ihnen von seinen Erlebnissen zu erzählen.

Jack (am Telefon): „Hallo Mama, ich plane, euch bald zu besuchen. Ich habe euch so viel zu erzählen!"

Er schätzt die Chancen, die ihm sein Aufenthalt in Deutschland geboten hat.

Jack (schreibt in sein Tagebuch): „Meine Zeit in Deutschland war eine unglaubliche Erfahrung. Ich freue mich auf alles, was noch kommt."

Jacks Geschichte endet mit einem Gefühl des Erfolgs und der Vorfreude auf seine Zukunft in der deutschen Tech-Industrie. Er blickt optimistisch in die Zukunft und ist bereit für neue Herausforderungen und Abenteuer.

1. Bereicherung: Enrichment
2. Chancen: Opportunities
3. Eingewöhnen: Settle In
4. Erfahrungen: Experiences
5. Erfolgsgeschichte: Success Story
6. Erlebnissen: Experiences
7. Geschätztes Mitglied: Valued Member
8. Herausforderungen: Challenges
9. Integrieren: Integrate
10. Karriere: Career
11. Kollege: Colleague
12. Kommunizieren: Communicate
13. Kulturelle Aktivitäten: Cultural Activities
14. Lustig: Fun
15. Mitarbeiter: Employee
16. Respektvoll: Respectful
17. Spiegel: Mirror
18. Stadtrundgang: City Tour
19. Tagebuch: Diary
20. Telefon: Phone
21. Vorschläge: Suggestions
22. Wochenende: Weekend

Chapter 5: Engaging in Technical Discussions

Role-specific language and dialogues (for developers, project managers, etc.)

Rollenspezifische Sprache und Dialoge in der Technologiebranche

Einführung

In der deutschen Technologiebranche ist es wichtig, die richtige Sprache und Dialoge für verschiedene Berufsrollen wie Entwickler, Projektmanager und andere zu kennen. Hier erfahren Sie, wie Sie in Ihrer spezifischen Rolle effektiv kommunizieren können.

1. Sprache für Entwickler

- **Entwickler** sprechen oft über Programmierung, Codes und Software-Probleme.

- Beispielsätze:

- „Ich arbeite gerade an dem neuen Feature. Der Code muss noch optimiert werden."

- „Wir müssen einen Bug im System finden und beheben."

- Entwickler verwenden oft technische Begriffe und müssen komplexe Sachverhalte klar erklären können.

2. Sprache für Projektmanager

- **Projektmanager** sprechen über Zeitpläne, Budgets und Teamkoordination.

- Beispielsätze:

- „Lassen Sie uns den Projektzeitplan überprüfen und die nächsten Schritte planen."

- „Wir müssen das Budget im Auge behalten und effizient arbeiten."

- Projektmanager müssen die Fähigkeit besitzen, klar und deutlich zu kommunizieren und das Team zu organisieren.

3. Techniken für technische Diskussionen

- Verwenden Sie einfache Sprache, um komplexe technische Konzepte zu erklären.

- Nutzen Sie Beispiele und Vergleiche, um Ihre Punkte zu verdeutlichen.

- Fragen Sie nach, wenn Sie etwas nicht verstehen, und bitten Sie um Klärung.

4. Praxisbeispiele

- In realen Situationen, wie bei der Entwicklung einer neuen App, könnten Entwickler sagen:

- „Wir müssen die Benutzerfreundlichkeit unserer App verbessern. Haben Sie Vorschläge?"

- Ein Projektmanager könnte in einer Besprechung sagen:

- „Unser Ziel ist es, das Projekt bis zum Ende des Quartals abzuschließen. Wer kann bei dieser Aufgabe helfen?"

Fazit

Die richtige Verwendung von rollenspezifischer Sprache und Dialogen ist entscheidend, um in der deutschen Technologiebranche erfolgreich zu sein. Egal ob Sie Entwickler, Projektmanager oder in einer anderen Rolle sind, klare Kommunikation und das Verständnis für technische Konzepte sind unerlässlich.

1. Benutzerfreundlichkeit: User-Friendliness
2. Besprechung: Meeting
3. Entwickler: Developer
4. Entwicklung: Development
5. Klärung: Clarification
6. Kommunikation: Communication
7. Komplexe Sachverhalte: Complex Matters
8. Optimiert: Optimized
9. Programmierung: Programming
10. Projektmanager: Project Manager

11. Projektzeitplan: Project Schedule
12. Quartal: Quarter
13. Rollenspezifische Sprache: Role-Specific Language
14. Software-Probleme: Software Problems
15. Teamkoordination: Team Coordination
16. Technische Begriffe: Technical Terms
17. Technische Diskussionen: Technical Discussions
18. Zeitpläne: Schedules

Neue Projekte

1. Ein Tag im Leben eines Entwicklers

Max, ein Softwareentwickler, kommt morgens in sein Büro in einem Berliner Tech-Unternehmen.

Max (schaut auf seinen Computer): „Mal sehen, was ich gestern gemacht habe."

Er überprüft seinen Code von gestern und findet einen kleinen Fehler.

Max: „Hmm, hier ist ein Bug. Ich muss das schnell beheben."

Konzentriert arbeitet er an der Lösung und löst das Problem effizient. Während er noch tippt, kommt sein Teamleiter, Frau Schmidt, vorbei.

Frau Schmidt: „Wie läuft es, Max? Gibt es Fortschritte beim neuen Feature?"

Max: „Ja, ich habe gerade einen Bug behoben. Jetzt ist alles auf Kurs für das neue Feature."

Später am Vormittag nimmt Max an einem Teammeeting teil, um den Projektstatus zu besprechen.

Max (im Meeting): „Ich arbeite an der Optimierung des Codes für das neue Feature."

Das Team diskutiert verschiedene Ansätze zur Verbesserung der Software. Nach dem Meeting setzt Max seine Arbeit fort und implementiert neue Funktionen.

Max (zu sich selbst): „Diese Funktion wird die App viel besser machen."

Er testet die Software und stellt sicher, dass alles reibungslos läuft. Gegen Mittag macht Max eine Pause und geht in die Kantine.

Max (zu einem Kollegen in der Kantine): „Wie läuft dein Projekt?"

Kollege: „Ganz gut, wir sind fast fertig. Und bei dir?"

Max: „Auch gut. Ich habe heute Morgen einen Bug behoben."

Nach der Pause arbeitet Max weiter und bereitet sich auf die Präsentation seiner Fortschritte am Nachmittag vor. Die Präsentation läuft gut, und Max erhält positives Feedback von seinen Kollegen und Vorgesetzten.

Frau Schmidt (nach der Präsentation): „Tolle Arbeit, Max. Wir sind beeindruckt von deinem Einsatz."

Max: „Danke, Frau Schmidt. Ich freue mich, dass meine Arbeit geschätzt wird."

Der Tag endet erfolgreich, und Max fühlt sich zufrieden mit seiner Arbeit. Er verlässt das Büro mit dem Gefühl, einen guten Beitrag geleistet zu haben.

Max (denkt beim Verlassen des Büros): „Heute war ein guter Tag. Ich freue mich auf morgen."

Er schließt den Tag ab und freut sich bereits auf die Herausforderungen und Aufgaben, die der nächste Arbeitstag bringen wird.

1. Einsatz: Effort
2. Feature: Feature
3. Fortschritte: Progress
4. Funktionen: Functions
5. Kantine: Canteen
6. Kollege: Colleague
7. Meeting: Meeting
8. Optimierung: Optimization
9. Pause: Break
10. Präsentation: Presentation
11. Projektstatus: Project Status
12. Softwareentwickler: Software Developer
13. Teamleiter: Team Leader
14. Teammeeting: Team Meeting
15. Tech-Unternehmen: Tech Company
16. Vorgesetzte: Superiors

2. Der Projektmanager und sein Team

Laura, eine Projektmanagerin in einem Berliner Tech-Unternehmen, beginnt ihr Teammeeting pünktlich um 10 Uhr.

Laura: „Guten Morgen, lasst uns unseren Zeitplan für diese Woche besprechen."

Sie geht die Aufgabenliste durch und weist jedem Teammitglied Verantwortlichkeiten zu.

Laura: „Bitte beachten Sie die Deadlines und das Budget für das Projekt."

Die Teammitglieder diskutieren ihre Fortschritte und Herausforderungen.

Teammitglied: „Ich habe Schwierigkeiten mit der aktuellen Software. Können wir das besprechen?"

Laura: „Natürlich, lass uns Lösungen finden. Wir müssen effizient arbeiten, um die Ziele zu erreichen."

Sie notiert sich wichtige Punkte und gibt Ratschläge zur Lösung von Problemen. Nachdem alle Aufgaben bestätigt sind, beendet Laura das Meeting.

Laura: „Danke für eure Beiträge. Ich bin zuversichtlich, dass wir diese Woche viel erreichen werden."

Laura überprüft ihre E-Mails und koordiniert mit anderen Abteilungen. Sie plant auch ein wichtiges Kundenmeeting, um das Projekt zu besprechen.

Laura (im Gespräch mit dem Kunden): „Wir sind auf dem besten Weg, das Projekt pünktlich abzuschließen. Ihr Feedback ist uns wichtig."

Nachmittags überprüft Laura den Fortschritt des Teams und gibt Feedback. Sie löst kleinere Probleme und hält das Team auf Kurs.

Laura (zu einem Teammitglied): „Gute Arbeit bei der Problembehebung heute. Weiter so!"

Der Tag endet mit einem erfolgreichen Kundenmeeting. Laura fühlt sich stolz auf ihr Team und ihre effektive Projektmanagement-Fähigkeiten.

Laura (denkt): „Mein Team hat heute großartige Arbeit geleistet. Ich bin stolz auf jeden Einzelnen."

Sie verlässt das Büro mit einem Gefühl der Zufriedenheit und freut sich darauf, am nächsten Tag weitere Erfolge zu erzielen.

1. Abteilungen: Departments
2. Aufgaben: Tasks
3. Aufgabenliste: Task List
4. Deadlines: Deadlines
5. Effizient: Efficient
6. Feedback: Feedback
7. Fortschritt: Progress
8. Herausforderungen: Challenges
9. Kundenmeeting: Client Meeting
10. Lösungen: Solutions
11. Problembehebung: Problem Solving
12. Projektmanagement: Project Management
13. Projektmanagerin: Project Manager (Female)
14. Ratschläge: Advice
15. Schwierigkeiten: Difficulties
16. Software: Software
17. Teammitglied: Team Member
18. Teammeeting: Team Meeting
19. Zeitplan: Schedule
20. Ziele: Goals
21. Zuversichtlich: Confident

3. Teamarbeit und technische Diskussionen

In einem großen Tech-Unternehmen in München findet eine wichtige technische Besprechung statt. Entwickler, Designer und Projektmanager sind zusammengekommen, um über die Weiterentwicklung einer App zu diskutieren.

Entwickler: „Wir müssen die Performance unserer App verbessern. Sie ist momentan zu langsam."

Designer: „Ich schlage ein neues Design für die Benutzeroberfläche vor. Das könnte die Nutzererfahrung verbessern."

Projektmanager: „Gut, lasst uns diskutieren, wie wir beides umsetzen können. Wir brauchen sowohl Geschwindigkeit als auch ein ansprechendes Design."

Das Team beginnt, in einfacher Sprache komplexe Themen zu erklären.

Entwickler: „Ähnlich wie bei App X könnten wir Funktion Y einführen, um die Geschwindigkeit zu erhöhen."

Designer: „Und wenn wir das Layout so ändern, wie bei Design Z, wird es benutzerfreundlicher."

Projektmanager: „Das klingt nach einem guten Plan. Lasst uns konkrete Schritte festlegen."

Jeder im Team äußert seine Meinung direkt, aber respektvoll.

Projektmanager: „Ich denke, das ist ein guter Ansatz. Lasst uns das weiterverfolgen und einen detaillierten Plan erstellen."

Die Besprechung ist produktiv, und das Team kommt zu konkreten Entscheidungen.

Entwickler: „Ich werde mit dem Team an der Verbesserung der Performance arbeiten."

Designer: „Und ich kümmere mich um das neue Design. Wir werden eng zusammenarbeiten."

Am Ende der Besprechung fasst der Projektmanager die nächsten Schritte zusammen.

Projektmanager: „Ich bin beeindruckt von euren Ideen. Wir treffen uns nächste Woche wieder, um den Fortschritt zu besprechen."

Alle Teammitglieder fühlen sich gehört und einbezogen in die Entscheidungsfindung. Sie verlassen das Meeting motiviert und mit klaren Zielen für die kommende Woche.

1. Ansprechendes Design: Appealing Design
2. Benutzeroberfläche: User Interface
3. Besprechung: Meeting
4. Detaillierter Plan: Detailed Plan
5. Diskutieren: Discuss
6. Entscheidungen: Decisions
7. Entwickler: Developer
8. Fortschritt: Progress
9. Geschwindigkeit: Speed
10. Ideen: Ideas
11. Konkrete Schritte: Concrete Steps
12. Layout: Layout
13. Meinung: Opinion
14. Nutzererfahrung: User Experience
15. Performance: Performance
16. Projektmanager: Project Manager
17. Respektvoll: Respectful
18. Teammitglieder: Team Members
19. Technische Besprechung: Technical Meeting
20. Weiterentwicklung: Further Development

4. Neue Herausforderungen und Lösungen

In einem Hamburger Startup steht das Entwicklungsteam vor einer großen technischen Herausforderung. Sie treffen sich in einem Konferenzraum, um das Problem zu besprechen.

Entwickler: „Wir haben ein Problem mit der Skalierbarkeit unserer Plattform. Bei zunehmender Nutzerzahl wird sie zu langsam."

Das Team beginnt, verschiedene Lösungsansätze zu brainstormen.

Junior-Entwickler: „Könnten wir nicht eine Microservices-Architektur verwenden? Das könnte die Skalierbarkeit verbessern."

Senior-Entwickler: „Das ist eine interessante Idee. Aber wir müssen auch die Komplexität und mögliche Risiken bedenken."

Sie diskutieren die technischen Details und mögliche Risiken der verschiedenen Ansätze.

Projektmanager (notiert): „Lasst uns alle Vor- und Nachteile klar herausarbeiten, um die beste Entscheidung zu treffen."

Nach intensiver Diskussion einigt sich das Team auf einen Plan.

Projektmanager: „Wir werden diesen Ansatz testen und die Ergebnisse nächste Woche bewerten. Jeder arbeitet an einem Teil des Projekts."

Das Team arbeitet eng zusammen, um die neue Lösung zu implementieren. Trotz einiger Schwierigkeiten bleiben sie positiv und lösungsorientiert.

Eine Woche später zeigt sich, dass der neue Ansatz erfolgreich ist. Die Plattform läuft auch bei hoher Nutzerzahl reibungslos.

Entwickler: „Tolle Arbeit, Team! Unsere Tests zeigen, dass die Performance jetzt viel besser ist."

Das Team feiert den Erfolg und reflektiert über die gemachten Erfahrungen.

Senior-Entwickler: „Wir haben viel gelernt. Diese Erfahrung wird uns in Zukunft helfen."

Projektmanager: „Ja, ich bin stolz auf euch alle. Wir sind jetzt besser vorbereitet auf zukünftige Herausforderungen."

Sie fühlen sich gestärkt und motiviert, die neuen Erkenntnisse in zukünftigen Projekten anzuwenden.

1. Ansatz: Approach
2. Entwickler: Developer
3. Ergebnisse: Results

4. Herausforderung: Challenge
5. Implementieren: Implement
6. Junior-Entwickler: Junior Developer
7. Komplexität: Complexity
8. Konferenzraum: Conference Room
9. Lösung: Solution
10. Lösungsansätze: Solution Approaches
11. Microservices-Architektur: Microservices Architecture
12. Nutzerzahl: Number of Users
13. Plattform: Platform
14. Projektmanager: Project Manager
15. Risiken: Risks
16. Senior-Entwickler: Senior Developer
17. Skalierbarkeit: Scalability
18. Startup: Startup
19. Technische Details: Technical Details
20. Vor- und Nachteile: Pros and Cons
21. Zusammenarbeit: Collaboration
22. Zukünftige Projekte: Future Projects

5. Wachstum und Erfolg

In einem großen Tech-Unternehmen in Frankfurt findet die jährliche Bewertung statt. Die Mitarbeiter versammeln sich im Konferenzraum, um ihre Projekte und Erfolge des vergangenen Jahres zu präsentieren.

Entwickler: „Dieses Jahr haben wir unsere Software erfolgreich weiterentwickelt. Wir konnten viele neue Features implementieren.“

Projektmanager: „Ja, unser Team hat hervorragende Arbeit geleistet und die Ziele sogar übertroffen.“

Die Führungskräfte des Unternehmens, einschließlich des Geschäftsführers, loben die Teams für ihre harte Arbeit und Innovation.

Geschäftsführer: „Ich möchte mich bei jedem Einzelnen von Ihnen bedanken. Ihr alle habt zur Entwicklung unseres Unternehmens beigetragen."

Mitarbeiter erhalten Anerkennung und individuelles Feedback für ihre Leistungen.

Entwickler: „Ich bin wirklich stolz darauf, was wir als Team erreicht haben und freue mich auf das nächste Jahr."

Das Unternehmen kündigt neue Projekte und Ziele für das kommende Jahr an, was die Mitarbeiter motiviert.

Projektmanager: „Diese neuen Projekte bieten uns die Chance, unsere Fähigkeiten weiter zu entwickeln. Lasst uns diese mit Energie und Kreativität angehen."

Das Unternehmen feiert die Erfolge des vergangenen Jahres mit einem großen Event. Mitarbeiter aus verschiedenen Abteilungen vernetzen sich und teilen ihre Erfahrungen und Ideen.

Mitarbeiter: „Es ist toll, zu sehen, was andere Teams erreicht haben. Das inspiriert mich."

Die Veranstaltung stärkt den Teamgeist und das Gefühl der Zugehörigkeit unter den Mitarbeitern.

Geschäftsführer (bei der Veranstaltung): „Heute feiern wir nicht nur unsere Erfolge, sondern auch unsere Gemeinschaft und unseren Teamgeist."

Die Geschichte endet mit einem optimistischen Blick auf die Zukunft, voller Möglichkeiten und Erfolge für das Unternehmen und seine Mitarbeiter. Jeder fühlt sich motiviert und bereit, die Herausforderungen des kommenden Jahres anzugehen.

1. Anerkennung: Recognition
2. Bewertung: Review
3. Entwicklung: Development
4. Erfolge: Successes
5. Features: Features
6. Führungskräfte: Executives

7. Gemeinschaft: Community
8. Geschäftsführer: CEO
9. Herausforderungen: Challenges
10. Innovation: Innovation
11. Konferenzraum: Conference Room
12. Leistungen: Achievements
13. Mitarbeiter: Employees
14. Projekte: Projects
15. Software: Software
16. Teamgeist: Team Spirit
17. Veranstaltung: Event
18. Weiterentwickelt: Further Developed
19. Ziele: Goals
20. Zugehörigkeit: Belonging
21. Zukünftige: Future (adj.)

Techniques for discussing complex tech concepts in German

Techniken für die Diskussion komplexer technischer Konzepte auf Deutsch

Einführung

In der deutschen Tech-Industrie ist es wichtig, komplexe technische Konzepte klar und verständlich zu diskutieren. Dieser Artikel bietet Techniken, um solche Diskussionen effektiver zu gestalten, besonders wenn Deutsch nicht Ihre Muttersprache ist.

1. Einfache Sprache verwenden

- Verwenden Sie einfache Wörter und Sätze, um komplexe Ideen auszudrücken.

- Vermeiden Sie Fachjargon, wenn er nicht notwendig ist.

- Beispiel: Statt „Implementierung einer multifunktionalen Benutzeroberfläche" sagen Sie „Wir machen die Oberfläche benutzerfreundlicher."

2. Beispiele und Analogien nutzen

- Erklären Sie technische Konzepte durch Vergleiche oder Beispiele aus dem Alltag.

- Beispiel: „Diese Datenbank zu organisieren ist wie ein großes Buch zu sortieren."

3. Visualisierungen einsetzen

- Nutzen Sie Diagramme, Grafiken oder Skizzen, um Ihre Punkte zu verdeutlichen.

- Visuelle Hilfsmittel können komplizierte Ideen anschaulicher machen.

4. Rückfragen stellen

- Stellen Sie sicher, dass Ihr Gegenüber das Konzept verstanden hat, indem Sie Rückfragen stellen.

- Beispiel: „Verstehen Sie, was ich mit ‚Skalierbarkeit' meine?"

5. Aktives Zuhören

- Hören Sie aufmerksam zu, wenn andere technische Konzepte erklären.
- Zeigen Sie Ihr Verständnis durch Nicken oder kurze Zusammenfassungen.

6. Pausen machen

- Machen Sie Pausen, um sicherzustellen, dass alle folgen können.
- Pausen geben Ihnen und den Zuhörern Zeit, die Informationen zu verarbeiten.

7. Feedback einholen

- Fragen Sie nach Feedback, um sicherzustellen, dass Ihre Erklärungen klar sind.
- Beispiel: „War das verständlich, oder soll ich noch etwas genauer erklären?"

8. Geduld zeigen

- Seien Sie geduldig, wenn Erklärungen wiederholt werden müssen.
- Komplexe Konzepte brauchen manchmal Zeit, um verstanden zu werden.

9. Zusammenfassungen geben

- Fassen Sie wichtige Punkte am Ende der Diskussion noch einmal zusammen.
- Dies hilft, das Verständnis zu festigen.

10. Sprachkenntnisse verbessern

- Arbeiten Sie kontinuierlich an Ihren Deutschkenntnissen, um technische Diskussionen effektiver zu führen.

Fazit

Die Diskussion komplexer technischer Konzepte auf Deutsch erfordert Klarheit, Geduld und die Fähigkeit, Informationen verständlich zu vermitteln. Durch die Anwendung dieser

Techniken können Sie sicherstellen, dass Ihre Ideen und Konzepte erfolgreich kommuniziert werden.

1. Analogien: Analogies
2. Benutzeroberfläche: User Interface
3. Datenbank: Database
4. Diagramme: Diagrams
5. Diskussion: Discussion
6. Einfache Sprache: Simple Language
7. Fachjargon: Technical Jargon
8. Geduld: Patience
9. Grafiken: Graphics
10. Implementierung: Implementation
11. Konzepte: Concepts
12. Multifunktional: Multifunctional
13. Pausen: Breaks
14. Rückfragen: Clarifying Questions
15. Skalierbarkeit: Scalability
16. Skizzen: Sketches
17. Sprachkenntnisse: Language Skills
18. Technische Konzepte: Technical Concepts
19. Visualisierungen: Visualizations
20. Zuhörer: Listeners
21. Zusammenfassungen: Summaries

Beispielgespräch in einem IT-Unternehmen

Ort: Besprechungsraum in einem IT-Unternehmen in Berlin

Teilnehmer: Projektleiterin Anna, Entwickler Max und Designerin Lena

Anna: „Guten Morgen, alle zusammen. Heute besprechen wir das neue Update für unsere App. Max, kannst du uns den aktuellen Stand erklären?"

Max: „Ja, natürlich. Wir haben einen neuen Algorithmus entwickelt, der die App schneller macht. Es ist wie wenn man ein schnelleres Auto hat."

Lena: „Das klingt gut. Aber ich verstehe nicht ganz, wie dieser Algorithmus funktioniert. Kannst du das bitte einfacher erklären?"

Max: „Klar, stellen Sie sich vor, unsere App ist ein Postbote. Mit dem neuen Algorithmus kann der Postbote schneller laufen und die Post schneller zustellen."

Anna: „Ah, jetzt verstehe ich. Das ist eine gute Nachricht. Wie sieht es mit der Benutzeroberfläche aus, Lena?"

Lena: „Ich habe ein neues Design entworfen. Es ist einfacher und benutzerfreundlicher. Ich zeige es euch mal." (Lena zeigt eine Skizze des Designs)

Max: „Das sieht gut aus, Lena. Es passt gut zu den technischen Verbesserungen."

Anna: „Prima, Lena und Max. Ich denke, diese Änderungen werden unsere App viel besser machen. Habt ihr noch Fragen oder Feedback?"

Max: „Alles klar für mich. Ich finde, wir sind auf einem guten Weg."

Lena: „Mir ist auch alles klar. Ich freue mich darauf, das neue Design umzusetzen."

Anna: „Großartig. Dann lasst uns mit diesen Ideen weiterarbeiten. Wir treffen uns nächste Woche wieder, um den Fortschritt zu besprechen. Danke für eure gute Arbeit!"

Max und Lena: „Danke, Anna. Bis nächste Woche.“

Das Meeting endet, und alle verlassen den Raum, motiviert und klar über die nächsten Schritte.

1. Algorithmus: Algorithm
2. Aktueller Stand: Current Status
3. Benutzeroberfläche: User Interface
4. Besprechungsraum: Meeting Room
5. Entwickler: Developer
6. Entworfen: Designed
7. Feedback: Feedback
8. Fortschritt: Progress
9. Ideen: Ideas
10. Postbote: Postman
11. Projektleiterin: Project Manager (Female)
12. Skizze: Sketch
13. Technische Verbesserungen: Technical Improvements
14. Update: Update
15. Zustellen: Deliver

Real-world case studies and examples from the German tech industry

Praxisbeispiele und Fallstudien aus der deutschen Tech-Industrie

Einführung

Die deutsche Tech-Industrie ist bekannt für ihre Innovationen und technologischen Fortschritte. In diesem Artikel werden wir einige reale Fallstudien und Beispiele aus der deutschen Tech-Branche betrachten, die die Anwendung komplexer technischer Konzepte in der Praxis veranschaulichen.

1. Fallstudie: Einführung einer neuen Software bei einem Automobilhersteller

- Ein deutscher Automobilhersteller führte eine neue Software zur Verbesserung der Produktionsprozesse ein.

- **Projektmanager**: „Wir implementieren ein neues System, um unsere Fertigungslinien effizienter zu gestalten."

- Das Projekt beinhaltete die Automatisierung mehrerer Fertigungsprozesse.

- **Entwickler**: „Wir haben spezielle Algorithmen entwickelt, die Produktionsfehler reduzieren."

- Das Projekt war erfolgreich und erhöhte die Gesamteffizienz der Produktion.

2. Fallbeispiel: Entwicklung einer mobilen Banking-App

- Ein deutsches FinTech-Unternehmen entwickelte eine innovative mobile Banking-App.

- **Designer**: „Unser Ziel ist es, das Online-Banking einfacher und sicherer zu machen."

- Die App nutzte fortschrittliche Sicherheitsfeatures, um den Datenschutz zu gewährleisten.

- **Entwickler**: „Wir verwenden die neuesten Verschlüsselungstechnologien, um die Kundendaten zu schützen."

- Die App wurde schnell beliebt und erhielt positive Bewertungen für ihre Benutzerfreundlichkeit und Sicherheit.

3. Fallstudie: Optimierung von Logistikprozessen

- Ein Logistikunternehmen in Hamburg führte ein neues System zur Routenoptimierung ein.

- **Projektmanager**: „Mit diesem System können wir Lieferzeiten verkürzen und Kosten sparen."

- Das System verwendete Echtzeit-Daten, um die effizientesten Routen zu berechnen.

- **Entwickler**: „Unser Algorithmus berücksichtigt Verkehrsbedingungen und Wetterdaten."

- Durch die Einführung des Systems konnte das Unternehmen seine Lieferzeiten deutlich verbessern.

Fazit

Diese Beispiele zeigen, wie in der deutschen Tech-Industrie komplexe technische Herausforderungen erfolgreich gemeistert werden. Sie veranschaulichen die Bedeutung von Teamarbeit, klaren Kommunikationsstrategien und der Anwendung innovativer Technologien in der Praxis. Solche Fallstudien bieten wertvolle Einblicke und Lernmöglichkeiten für Fachleute in der Tech-Branche.

1. Automatisierung: Automation
2. Automobilhersteller: Automobile Manufacturer
3. Banking-App: Banking App
4. Datenschutz: Data Protection
5. Effizient: Efficient
6. Einführung: Introduction
7. Fallbeispiel: Case Example
8. Fallstudie: Case Study
9. Fertigungslinien: Production Lines
10. FinTech-Unternehmen: FinTech Company
11. Implementieren: Implement

12. Innovationen: Innovations
13. Kundendaten: Customer Data
14. Logistikunternehmen: Logistics Company
15. Mobile App: Mobile App
16. Online-Banking: Online Banking
17. Produktionsfehler: Production Errors
18. Produktionsprozesse: Production Processes
19. Routenoptimierung: Route Optimization
20. Sicherheitsfeatures: Security Features
21. Technologien: Technologies
22. Verschlüsselungstechnologien: Encryption Technologies
23. Verkehrsbedingungen: Traffic Conditions
24. Wetterdaten: Weather Data

Chapter 6: Career Growth in the German Tech World

Language for job interviews, networking, and career development in tech

Sprache für Bewerbungsgespräche, Networking und Karriereentwicklung in der Technologie

In diesem Kapitel beschäftigen wir uns mit dem Thema Karrierewachstum in der deutschen Tech-Welt. Das Ziel ist es, Ihnen zu helfen, sich erfolgreich für Jobs zu bewerben, ein Netzwerk aufzubauen und Ihre Karriere in der Technologiebranche in Deutschland voranzutreiben.

1. Sprache für Bewerbungsgespräche:

Wenn Sie sich auf ein Bewerbungsgespräch vorbereiten, ist es wichtig, grundlegende Phrasen und Ausdrücke auf Deutsch zu kennen. Hier sind einige nützliche Sätze:

- „Guten Tag, mein Name ist [Ihr Name]." (Good day, my name is [Your Name].)

- „Ich habe Erfahrung in [Ihr Fachgebiet]." (I have experience in [Your Field].)

- „Ich interessiere mich sehr für diese Position, weil..." (I am very interested in this position because...)

- „Können Sie mir mehr über das Projekt erzählen?" (Can you tell me more about the project?)

Beispiel für ein Bewerbungsgespräch auf Deutsch (A2-Niveau)

Bewerber: Guten Tag, mein Name ist Max Müller.

Interviewer: Guten Tag, Herr Müller. Schön, Sie kennenzulernen. Nehmen Sie bitte Platz.

Bewerber: Danke sehr. Es freut mich, hier zu sein.

Interviewer: Erzählen Sie mir bitte etwas über sich und Ihre Erfahrungen.

Bewerber: Ja, gerne. Ich habe Erfahrung in der Softwareentwicklung. Ich habe zwei Jahre bei einer Firma in Berlin gearbeitet.

Interviewer: Interessant. Und warum interessieren Sie sich für diese Position bei uns?

Bewerber: Ich interessiere mich sehr für diese Position, weil Ihr Unternehmen innovative Produkte entwickelt und ich meine Fähigkeiten hier gut einsetzen kann.

Interviewer: Sehr gut. Können Sie mir ein Beispiel für ein Projekt geben, an dem Sie gearbeitet haben?

Bewerber: Sicher. Ich habe an einem Projekt gearbeitet, das ein mobiles Anwendungssystem für Online-Banking entwickelt hat. Dabei habe ich im Team die Backend-Entwicklung geleitet.

Interviewer: Das klingt beeindruckend. Können Sie mir mehr über das Projekt erzählen?

Bewerber: Natürlich. Unser Ziel war es, eine sichere und benutzerfreundliche Anwendung zu schaffen. Ich war verantwortlich für die Datenbankintegration und die Sicherheitsfeatures.

Interviewer: Vielen Dank, Herr Müller. Das war sehr aufschlussreich. Wir werden uns bald bei Ihnen melden.

Bewerber: Vielen Dank für das Gespräch. Ich freue mich auf Ihre Rückmeldung. Einen schönen Tag noch!

Interviewer: Ihnen auch einen schönen Tag. Auf Wiedersehen.

Bewerber: Auf Wiedersehen.

1. Anwendungssystem: Application System
2. Backend-Entwicklung: Backend Development
3. Bewerbungsgespräch: Job Interview
4. Datenbankintegration: Database Integration
5. Erfahrungen: Experiences
6. Fachgebiet: Field of Expertise
7. Fähigkeiten: Skills
8. Karriereentwicklung: Career Development
9. Kennenlernen: Get to Know
10. Mobiles Anwendungssystem: Mobile Application System
11. Netzwerk: Network
12. Online-Banking: Online Banking
13. Rückmeldung: Feedback
14. Sicherheitsfeatures: Security Features
15. Softwareentwicklung: Software Development
16. Technologiebranche: Technology Sector

2. Networking:

Networking ist ein wichtiger Aspekt Ihrer beruflichen Entwicklung. Hier einige Tipps:

- Nehmen Sie an Tech-Veranstaltungen und Meetups teil.
- Lernen Sie, sich selbst auf Deutsch vorzustellen: „Hallo, ich heiße [Ihr Name] und arbeite als [Ihre Position]." (Hello, my name is [Your Name] and I work as [Your Position].)
- Tauschen Sie Visitenkarten aus und folgen Sie interessanten Kontakten auf professionellen Netzwerken wie XING oder LinkedIn.

Beispiel für ein Networking-Gespräch auf Deutsch (A2-Niveau)

Szene: Bei einem Tech-Meetup

Person A: Hallo, ich heiße Anna Schmidt und arbeite als Webentwicklerin.

Person B: Hallo, Anna. Mein Name ist Jonas Weber. Ich bin Projektmanager. Schön, dich kennenzulernen.

Anna: Ebenfalls, Jonas. Arbeitest du auch in Berlin?

Jonas: Ja, ich arbeite bei einer IT-Firma in Berlin. Und du?

Anna: Ich auch. Ich arbeite bei einer Start-up-Firma. Wir entwickeln Webanwendungen.

Jonas: Das klingt spannend. Welche Art von Anwendungen entwickelst du?

Anna: Hauptsächlich E-Commerce-Lösungen. Und was für Projekte managst du?

Jonas: Ich leite IT-Projekte im Bereich Künstliche Intelligenz. Es ist ziemlich herausfordernd, aber auch sehr interessant.

Anna: Das klingt wirklich interessant. Hast du eine Visitenkarte? Wir könnten uns auf LinkedIn vernetzen.

Jonas: Gute Idee. Hier ist meine Karte. Ich werde dich auch auf LinkedIn hinzufügen.

Anna: Super, ich freue mich auf den Austausch. Vielleicht können wir in Zukunft zusammenarbeiten.

Jonas: Das wäre großartig. Vielen Dank für das Gespräch, Anna.

Anna: Danke auch, Jonas. Bis bald!

Jonas: Bis bald, Anna. Schönen Abend noch!

Anna: Dir auch einen schönen Abend!

1. Anwendungen: Applications
2. Arbeitest: Work (2nd person singular)
3. Arbeite: Work (1st person singular)
4. Austausch: Exchange
5. Ebenfalls: Likewise
6. E-Commerce-Lösungen: E-commerce solutions
7. Firma: Company
8. Herausfordernd: Challenging
9. Hinzufügen: To add
10. IT-Firma: IT company
11. IT-Projekte: IT projects
12. Karte: Card (as in business card)
13. Kennenzulernen: To get to know
14. Künstliche Intelligenz: Artificial Intelligence
15. Managst: Manage (2nd person singular)
16. Netzwerken: Networking
17. Projektmanager: Project manager
18. Start-up-Firma: Start-up company
19. Tech-Meetup: Tech meetup
20. Visitenkarte: Business card
21. Vernetzen: To connect/network
22. Webanwendungen: Web applications
23. Webentwicklerin: Web developer (female)
24. Zusammenarbeiten: To collaborate
25. Ziemlich: Quite

3. Karriereentwicklung:

Für Ihre Karriereentwicklung ist es wichtig, über aktuelle Technologietrends informiert zu bleiben und Ihre Fähigkeiten kontinuierlich zu verbessern. Einige Vorschläge:

- Besuchen Sie Workshops und Kurse, um neue Fähigkeiten zu erlernen.

- Lesen Sie deutsche Tech-Blogs und hören Sie Podcasts, um Ihr Fachwissen zu erweitern.

- Seien Sie offen für Feedback und lernen Sie aus Erfahrungen.

Abschluss

Die Tech-Welt in Deutschland bietet viele Möglichkeiten für Ihre Karriere. Mit dem richtigen Einsatz der deutschen Sprache, effektivem Networking und kontinuierlicher Weiterbildung können Sie Ihre beruflichen Ziele erreichen und erfolgreich in der Tech-Branche wachsen. Viel Erfolg!

Eine Geschichte über Karriereentwicklung

Lena arbeitet als IT-Technikerin in einer Firma in Hamburg. Sie möchte in ihrer Karriere vorankommen. Eines Tages sagt sie zu ihrer Kollegin Anna: „Ich möchte mehr lernen und besser werden." Anna antwortet: „Das ist eine gute Idee. Du solltest Workshops und Kurse besuchen."

Lena findet einen Kurs in Programmierung. Sie meldet sich an und ist sehr aufgeregt. Im Kurs lernt sie viel. Jeden Tag nach der Arbeit studiert Lena. Sie liest auch deutsche Tech-Blogs und hört Podcasts. „Das ist interessant," denkt sie oft.

In der Arbeit zeigt Lena ihre neuen Fähigkeiten. Ihr Chef, Herr Müller, bemerkt das. Er sagt: „Lena, du machst Fortschritte. Sehr gut!" Lena freut sich. Sie fragt Herrn Müller: „Haben Sie Tipps für mich?" Herr Müller antwortet: „Bleib neugierig und lerne aus Fehlern."

Lena arbeitet an einem schwierigen Projekt. Sie hat Probleme, aber gibt nicht auf. Sie fragt ihre Kollegen um Rat. Ein Kollege,

Thomas, hilft ihr. „Versuch es so,“ sagt er. Lena probiert es und es funktioniert. „Danke, Thomas,“ sagt sie. „Kein Problem,“ antwortet Thomas.

Nach einigen Monaten ist Lena viel sicherer in ihrer Arbeit. Sie fühlt, dass sie viel gelernt hat. Ihre Kollegen bemerken das auch. Anna sagt: „Du hast dich wirklich verbessert, Lena.“ Lena antwortet: „Ja, ich habe viel gelernt. Aber ich will noch mehr lernen.“

Eines Tages sagt Herr Müller zu Lena: „Wir haben ein neues Projekt. Möchtest du daran arbeiten?“ Lena ist überrascht und glücklich. „Ja, sehr gerne,“ antwortet sie. Herr Müller sagt: „Du hast hart gearbeitet. Du verdienst diese Chance.“

Lena arbeitet an dem neuen Projekt. Es ist schwierig, aber sie ist motiviert. Sie lernt jeden Tag etwas Neues. Lena fühlt sich gut. Sie weiß, dass sie die richtige Entscheidung getroffen hat, als sie beschloss, mehr zu lernen und sich weiterzuentwickeln.

Am Ende des Jahres gibt es eine Firmenfeier. Herr Müller spricht mit Lena. „Du hast dieses Jahr großartige Arbeit geleistet,“ sagt er. Lena antwortet: „Danke, Herr Müller. Ich habe viel von Ihnen und meinen Kollegen gelernt.“ Herr Müller sagt: „Wir sind froh, dass du Teil unseres Teams bist.“

Lena ist stolz auf sich. Sie hat viel erreicht. Sie denkt an ihre Zukunft und ist aufgeregt. „Ich werde weiterhin hart arbeiten und lernen,“ denkt sie. Lena ist bereit für neue Herausforderungen und Möglichkeiten, die ihre Karriere bringen wird. Sie weiß, dass das Lernen nie aufhört und freut sich darauf, weiter zu wachsen.

1. Anmelden: To register
2. Arbeit: Work
3. Arbeitskollegen: Colleagues
4. Besser: Better
5. Besuchen: To visit
6. Bleib: Stay (imperative)
7. Chance: Opportunity
8. Chef: Boss

9. Entscheidung: Decision
10. Erfahrungen: Experiences
11. Erreicht: Achieved
12. Erweitern: To expand
13. Fähigkeiten: Skills
14. Feier: Celebration
15. Firmenfeier: Company party
16. Fortschritte: Progress
17. Froh: Glad
18. Gelegenheit: Opportunity
19. Großartige: Great
20. Herausforderungen: Challenges
21. IT-Technikerin: IT technician
22. Kurs: Course
23. Motiviert: Motivated
24. Möglichkeiten: Opportunities
25. Neugierig: Curious
26. Podcasts: Podcasts
27. Rat: Advice
28. Schwierig: Difficult
29. Sicherer: More confident
30. Spricht: Speaks
31. Studiert: Studies
32. Tipps: Tips
33. Überrascht: Surprised
34. Verbessern: To improve
35. Verdienst: Deserve
36. Wachstum: Growth
37. Workshops: Workshops
38. Zukunft: Future

Guidelines for creating a compelling tech CV and cover letter in German

Richtlinien für die Erstellung eines überzeugenden Technik-Lebenslaufs und Anschreibens auf Deutsch

1. Der Lebenslauf:

Der Lebenslauf ist sehr wichtig für Ihre Bewerbung in der Tech-Welt. Hier sind einige Tipps, wie Sie einen guten Lebenslauf auf Deutsch erstellen:

- **Persönliche Informationen:** Beginnen Sie mit Ihrem Namen, Adresse, Telefonnummer und E-Mail-Adresse.

- **Berufserfahrung:** Listen Sie Ihre bisherigen Jobs auf. Beginnen Sie mit dem neuesten Job. Schreiben Sie den Namen der Firma, Ihre Position und was Ihre Aufgaben waren.

- **Ausbildung:** Schreiben Sie über Ihre Schule, Universität und andere Kurse. Nennen Sie Ihren Abschluss und das Jahr, in dem Sie fertig wurden.

- **Fähigkeiten:** Beschreiben Sie Ihre Kenntnisse in Programmierung, Software und anderen Tech-Fähigkeiten.

- **Sprachen:** Welche Sprachen sprechen Sie? Schreiben Sie Ihr Niveau, zum Beispiel „Deutsch – fließend" oder „Englisch – Grundkenntnisse".

2. Das Anschreiben:

Das Anschreiben zeigt, warum Sie für den Job geeignet sind. Hier einige Tipps:

- **Anrede:** Beginnen Sie mit „Sehr geehrte Damen und Herren," wenn Sie den Namen nicht kennen. Wenn Sie den Namen kennen, benutzen Sie „Sehr geehrter Herr [Name]" oder „Sehr geehrte Frau [Name]".

- **Erster Absatz:** Schreiben Sie, wo Sie die Stellenanzeige gefunden haben und warum Sie sich bewerben.

- **Zweiter Absatz:** Beschreiben Sie Ihre Erfahrung und warum Sie gut für den Job sind. Nutzen Sie Beispiele aus Ihrer Arbeit.

- **Dritter Absatz:** Erklären Sie, warum Sie in dieser Firma arbeiten möchten.

- **Schluss:** Beenden Sie das Anschreiben mit „Ich freue mich auf ein persönliches Gespräch" und dann „Mit freundlichen Grüßen" gefolgt von Ihrem Namen.

3. Generelle Tipps:

- **Klar und kurz:** Ihr Lebenslauf und Anschreiben sollten klar und nicht zu lang sein. Ein Lebenslauf sollte maximal zwei Seiten lang sein.

- **Fehler vermeiden:** Lassen Sie jemanden Ihren Lebenslauf und das Anschreiben lesen, um Fehler zu finden.

- **Anpassen:** Passen Sie Ihren Lebenslauf und das Anschreiben an jede Stelle an, für die Sie sich bewerben.

Mit diesen Tipps können Sie einen überzeugenden Lebenslauf und ein gutes Anschreiben auf Deutsch erstellen. Viel Erfolg bei Ihrer Bewerbung!

1. Anpassen: Adapt
2. Anrede: Salutation
3. Anschreiben: Cover letter
4. Aufgaben: Tasks
5. Ausbildung: Education
6. Berufserfahrung: Professional experience
7. Bewerben: To apply
8. Damen und Herren: Ladies and gentlemen
9. Erklären: Explain
10. Fehler: Errors
11. Fertig: Finished
12. Fähigkeiten: Skills
13. Grundkenntnisse: Basic knowledge
14. Kenntnisse: Knowledge
15. Klar: Clear
16. Kurse: Courses
17. Lebenslauf: Resume

18. Persönliche Informationen: Personal information
19. Programmierung: Programming
20. Schule: School
21. Sprachen: Languages
22. Stellenanzeige: Job advertisement
23. Überzeugend: Convincing
24. Universität: University
25. Vermeiden: To avoid
26. Absatz: Paragraph
27. Abschluss: Degree
28. Fließend: Fluent
29. Geeignet: Suitable
30. Persönliches Gespräch: Personal interview
31. Stelle: Position or job
32. Erfahrung: Experience

Phrases for discussing career goals, job roles, and professional achievements

Phrasen für die Besprechung von Karrierezielen, Jobrollen und beruflichen Erfolgen

- Wenn Sie in der deutschen Tech-Welt arbeiten möchten, ist es wichtig, die richtigen Worte zu finden, um über Ihre Karriereziele, Ihre Rolle im Job und Ihre beruflichen Erfolge zu sprechen. Hier sind einige nützliche Phrasen, die Ihnen dabei helfen können:

- **1. Karriereziele besprechen:**

- „Ich möchte mich in der Zukunft zum Projektleiter entwickeln." (I want to develop into a project manager in the future.)

- „Mein Ziel ist es, meine Fähigkeiten in der Webentwicklung zu verbessern." (My goal is to improve my skills in web development.)

- „Langfristig strebe ich eine Position im Bereich der Künstlichen Intelligenz an." (In the long term, I am aiming for a position in the field of artificial intelligence.)

- **2. Über die Jobrolle sprechen:**

- „In meiner aktuellen Position bin ich als Softwareentwickler tätig." (In my current position, I work as a software developer.)

- „Ich arbeite hauptsächlich im Backend-Bereich." (I mainly work in the backend area.)

- „Als Teil des IT-Teams bin ich für die Netzwerksicherheit zuständig." (As part of the IT team, I am responsible for network security.)

- **3. Berufliche Erfolge hervorheben:**

- „Ich habe erfolgreich ein Projekt zur Softwareoptimierung abgeschlossen." (I successfully completed a project for software optimization.)

- „Unter meiner Leitung hat das Team die Produktivität um 20% gesteigert." (Under my leadership, the team increased productivity by 20%.)

- „Ich habe einen Beitrag zur Entwicklung einer neuen App geleistet, die jetzt von vielen Kunden genutzt wird." (I contributed to the development of a new app that is now used by many customers.)

- **Allgemeine Tipps:**

- Seien Sie spezifisch: Statt allgemeiner Aussagen, geben Sie konkrete Beispiele.

- Verwenden Sie klare und einfache Sprache: Halten Sie Ihre Sätze kurz und verständlich.

- Seien Sie positiv: Sprechen Sie über Ihre Erfolge und Stärken.

- Mit diesen Phrasen können Sie in Gesprächen, Bewerbungsgesprächen und Networking-Events in der deutschen Tech-Branche selbstbewusst über Ihre Karriereziele, Ihre Jobrolle und Ihre beruflichen Erfolge sprechen.

1. **Abschließen**: To complete
2. **Aktuell**: Current
3. **Anstreben**: To aim for
4. **Arbeiten**: To work
5. **Backend-Bereich**: Backend area
6. **Beitragen**: To contribute
7. **Berufliche Erfolge**: Professional achievements
8. **Entwickeln**: To develop
9. **Fähigkeiten verbessern**: To improve skills
10. **Für zuständig**: Responsible for
11. **Gesteigert**: Increased
12. **Hauptsächlich**: Mainly
13. **Karriereziele**: Career goals
14. **Klare und einfache Sprache**: Clear and simple language
15. **Kunden**: Customers
16. **Künstliche Intelligenz**: Artificial intelligence

17. **Langfristig**: In the long term
18. **Leitung**: Leadership
19. **Mein Ziel**: My goal
20. **Netzwerksicherheit**: Network security
21. **Position**: Position
22. **Produktivität**: Productivity
23. **Projektleiter**: Project manager
24. **Softwareentwickler**: Software developer
25. **Softwareoptimierung**: Software optimization
26. **Spezifisch**: Specific
27. **Stärken**: Strengths
28. **Tätig**: Active or employed
29. **Webentwicklung**: Web development
30. **Zukunft**: Future

Gespräch zwischen Lena und ihrem Kollegen Max bei einer Netzwerkveranstaltung in der Tech-Branche

Lena: Hallo Max, wie geht es dir?

Max: Hallo Lena, mir geht es gut, danke. Und dir?

Lena: Auch gut, danke. Sag, was sind eigentlich deine Karriereziele?

Max: Nun, ich möchte mich in der Zukunft zum Projektleiter entwickeln. Ich finde das Leiten von Teams und Projekten spannend. Und du?

Lena: Mein Ziel ist es, meine Fähigkeiten in der Webentwicklung zu verbessern. Ich arbeite gerade an JavaScript und React.

Max: Das klingt toll. In welcher Rolle bist du zurzeit tätig?

Lena: Ich arbeite als Junior-Entwicklerin. Hauptsächlich beschäftige ich mich mit dem Backend, aber ich möchte mehr im Frontend machen.

Max: Sehr interessant. Ich bin derzeit als Netzwerkspezialist tätig und sorge für die Sicherheit unserer Systeme.

Lena: Oh, das ist wichtig. Hast du kürzlich irgendwelche großen Projekte abgeschlossen?

Max: Ja, ich habe ein großes Projekt zur Verbesserung unserer Netzwerksicherheit geleitet. Wir konnten die Sicherheit um 30% steigern.

Lena: Das ist beeindruckend! Ich habe neulich an einer App mitgearbeitet, die jetzt von vielen unserer Kunden genutzt wird.

Max: Das hört sich nach einem großen Erfolg an. Es ist immer gut, solche Erfolge zu haben.

Lena: Ja, das stimmt. Es ist schön zu sehen, wie die eigene Arbeit Früchte trägt.

Max: Genau. Ich freue mich darauf, zu sehen, wo unsere Karrieren uns hinführen werden.

Lena: Das bin ich auch, Max. Lass uns in Kontakt bleiben und vielleicht können wir in der Zukunft zusammenarbeiten.

Max: Das klingt nach einer guten Idee. Schön, dass wir uns unterhalten haben.

Lena: Ja, das fand ich auch. Bis zum nächsten Mal!

Max: Bis zum nächsten Mal, Lena.

1. **Abgeschlossen**: Completed
2. **Arbeiten**: Work
3. **Backend**: Backend
4. **Beschäftigen**: Deal with, occupy oneself
5. **Bis zum nächsten Mal**: Until next time
6. **Entwickeln**: Develop
7. **Erfolge**: Successes
8. **Frontend**: Frontend
9. **Früchte trägt**: Bears fruit
10. **Fähigkeiten**: Skills
11. **Großes Projekt**: Big project
12. **Hinführen**: Lead
13. **Junior-Entwicklerin**: Junior developer
14. **Karriereziele**: Career goals
15. **Kontakt bleiben**: Stay in contact
16. **Kunden**: Customers
17. **Leiten**: Lead
18. **Netzwerksicherheit**: Network security
19. **Netzwerkspezialist**: Network specialist
20. **Projektleiter**: Project manager
21. **Sicherheit**: Security
22. **Spannend**: Exciting
23. **Steigern**: Increase
24. **Systeme**: Systems
25. **Tätig**: Active, working
26. **Verbesserung**: Improvement
27. **Webentwicklung**: Web development

Chapter 7: Keeping Abreast with Tech Innovations

Vocabulary for emerging technologies and trends (AI, IoT, blockchain, etc.)

Wortschatz für neue Technologien und Trends (KI, IoT, Blockchain usw.)

In der Welt der Technologie gibt es immer neue Begriffe und Trends. Hier sind einige wichtige Wörter, die Sie kennen sollten, wenn Sie sich mit neuen Technologien und Trends beschäftigen:

1. Künstliche Intelligenz (KI): Künstliche Intelligenz ist ein großer Bereich in der Technologie. Es bedeutet, dass Maschinen und Computerprogramme so denken und lernen können wie Menschen. Beispiele dafür sind Spracherkennung und selbstfahrende Autos.

2. Internet der Dinge (IoT): Das Internet der Dinge beschreibt, dass Alltagsgegenstände wie Uhren, Kühlschränke oder Lampen mit dem Internet verbunden sind. Diese Geräte können Daten senden und empfangen.

3. Blockchain: Blockchain ist eine Technologie, die oft für Kryptowährungen wie Bitcoin verwendet wird. Es ist eine Art Datenbank, die sehr sicher ist, weil die Daten auf viele Computer verteilt sind.

4. Cloud-Computing: Cloud-Computing bedeutet, Daten und Programme nicht auf dem eigenen Computer, sondern im Internet zu speichern und zu nutzen. So kann man von überall auf die Daten zugreifen.

5. Big Data: Big Data bezieht sich auf sehr große Datenmengen, die von Computern analysiert werden, um Muster und Trends zu erkennen. Das ist wichtig für Geschäftsentscheidungen und die Forschung.

6. Augmented Reality (AR) und Virtual Reality (VR): AR und VR sind Technologien, die die reale Welt und die virtuelle Welt verbinden. AR fügt der realen Welt digitale Informationen hinzu, während VR eine komplett virtuelle Welt erschafft.

Diese Wörter sind wichtig, um die neuesten Trends und Entwicklungen in der Tech-Welt zu verstehen. Wenn Sie diese Begriffe kennen, können Sie besser über neue Technologien sprechen und diskutieren.

Gespräch zwischen Tom und Lisa bei einem Tech-Meetup

Tom: Hallo Lisa, hast du schon von der neuesten Entwicklung in der Künstlichen Intelligenz gehört?

Lisa: Hallo Tom! Ja, ich habe gelesen, dass es jetzt Programme gibt, die Sprache fast wie Menschen erkennen können. Das ist wirklich faszinierend!

Tom: Absolut! Und wie denkst du über das Internet der Dinge?

Lisa: Ich finde es spannend. Stell dir vor, dein Kühlschrank kann dir sagen, wann die Milch alle ist. Es öffnet so viele Möglichkeiten.

Tom: Richtig. Hast du Erfahrungen mit Blockchain gemacht?

Lisa: Ein wenig. Ich weiß, dass es eine sichere Art ist, Daten zu speichern, besonders für Kryptowährungen wie Bitcoin. Es ist wie eine verteilte Datenbank.

Tom: Genau. Und wie nutzt du Cloud-Computing?

Lisa: Ich speichere viele meiner Dateien und Programme in der Cloud. So kann ich von überall darauf zugreifen. Und du?

Tom: Ich auch. Es macht das Arbeiten so viel flexibler. Wie stehst du zu Big Data?

Lisa: Big Data ist überall. Die Analyse großer Datenmengen hilft Unternehmen, bessere Entscheidungen zu treffen. Es ist ein mächtiges Werkzeug.

Tom: Stimmt. Was hältst du von AR und VR?

Lisa: Augmented Reality und Virtual Reality sind beeindruckend. Besonders in der Bildung und Unterhaltung. AR bringt Informationen in unsere reale Welt, während VR uns in eine ganz neue Welt bringt.

Tom: Ja, die Möglichkeiten sind endlos. Es ist toll, wie schnell sich die Technologie entwickelt.

Lisa: Absolut, Tom. Wir leben in einer spannenden Zeit mit all diesen technologischen Fortschritten.

Tom: Ja, das tun wir. Es war toll, mit dir über all diese Themen zu sprechen, Lisa.

Lisa: Ebenso, Tom. Ich freue mich schon auf unser nächstes Gespräch. Bis bald!

Tom: Bis bald, Lisa!

1. **Daten**: Data
2. **Datenbank**: Database
3. **Entwicklung**: Development
4. **Fortgeschritten**: Advanced
5. **Geschäftsentscheidungen**: Business decisions
6. **Internet der Dinge (IoT)**: Internet of Things (IoT)
7. **Kryptowährungen**: Cryptocurrencies
8. **Künstliche Intelligenz (KI)**: Artificial Intelligence (AI)
9. **Muster**: Patterns
10. **Programme**: Programs
11. **Realität**: Reality
12. **Sicher**: Secure
13. **Spracherkennung**: Speech recognition
14. **Technologie**: Technology
15. **Virtual Reality (VR)**: Virtual Reality

Guide to reading and interpreting German tech news and publications

Leitfaden zum Lesen und Interpretieren von deutschen Tech-Nachrichten und Publikationen

Wenn Sie sich für Technologie interessieren und Deutsch lernen, ist es hilfreich, deutsche Tech-Nachrichten und Publikationen zu lesen. Hier sind einige Tipps, wie Sie dies effektiv tun können:

1. Wählen Sie die richtigen Quellen:

- Suchen Sie nach bekannten deutschen Tech-Websites und Zeitschriften. Beispiele sind „Heise Online", „Chip" oder „Computer Bild".

- Nutzen Sie auch allgemeine Nachrichtenseiten wie „Spiegel Online" oder „Die Zeit", die oft über Technologietrends berichten.

2. Verstehen Sie die Grundbegriffe:

- Lernen Sie grundlegende Tech-Wörter auf Deutsch. Wörter wie „Computer", „Programmieren", „Software" und „Hardware" sind ein guter Anfang.

- Für spezifische Themen wie KI, IoT oder Blockchain suchen Sie nach Erklärungen oder Glossaren auf Deutsch.

3. Lesen Sie regelmäßig:

- Versuchen Sie, jeden Tag oder jede Woche Tech-Nachrichten auf Deutsch zu lesen. So bleiben Sie nicht nur über Technologietrends informiert, sondern verbessern auch Ihr Deutsch.

- Beginnen Sie mit kurzen Artikeln oder Zusammenfassungen, um nicht überfordert zu werden.

4. Nutzen Sie Hilfsmittel:

- Wenn Sie ein Wort nicht verstehen, verwenden Sie ein Wörterbuch oder eine Übersetzungs-App.

- Es gibt auch Websites und Apps, die Nachrichten in einfacherem Deutsch anbieten, was am Anfang hilfreich sein kann.

5. Diskutieren Sie über das Gelesene:

- Treten Sie deutschen Online-Foren oder Tech-Communities bei. Dort können Sie über die Artikel diskutieren und Ihre Meinung teilen.

- Dies ist auch eine gute Möglichkeit, neue Fachwörter zu lernen und anzuwenden.

6. Machen Sie sich Notizen:

- Schreiben Sie neue Wörter und Phrasen auf, die Sie lernen. So können Sie sich besser an sie erinnern.

- Versuchen Sie, Zusammenfassungen der Artikel zu schreiben. Das hilft beim Verständnis und beim Sprachgebrauch.

Indem Sie diese Schritte befolgen, können Sie nicht nur Ihr Verständnis für Technologie verbessern, sondern auch Ihre Deutschkenntnisse erweitern. Viel Spaß beim Lesen und Lernen!

Gespräch zwischen Jonas und Maria über das Lesen deutscher Tech-Nachrichten

Jonas: Hallo Maria, ich habe gehört, du liest gerne deutsche Tech-Nachrichten. Ich möchte auch anfangen, aber weiß nicht, wo ich beginnen soll.

Maria: Hallo Jonas! Ja, das stimmt. Ein guter Anfang sind Websites wie „Heise Online" oder „Chip". Sie haben viele interessante Artikel.

Jonas: Und was ist mit allgemeinen Nachrichtenseiten?

Maria: „Spiegel Online" und „Die Zeit" sind auch gut. Sie berichten oft über Technologietrends.

Jonas: Verstehe. Aber manchmal finde ich die Fachbegriffe schwierig.

Maria: Ja, das kann anfangs herausfordernd sein. Ich suche oft nach Erklärungen oder Glossaren für Wörter wie „KI", „IoT" oder „Blockchain".

Jonas: Das klingt hilfreich. Wie oft liest du diese Nachrichten?

Maria: Fast jeden Tag. Ich fange mit kurzen Artikeln an, um nicht überfordert zu werden.

Jonas: Und wenn du ein Wort nicht verstehst?

Maria: Dann benutze ich ein Wörterbuch oder eine Übersetzungs-App. Es gibt auch Websites, die Nachrichten in einfacherem Deutsch anbieten.

Jonas: Das ist eine gute Idee. Diskutierst du auch über das Gelesene?

Maria: Ja, ich bin in einigen deutschen Online-Foren und Tech-Communities. Dort tausche ich mich aus und lerne neue Wörter.

Jonas: Machst du dir Notizen über die neuen Wörter und Phrasen?

Maria: Ja, das hilft mir, sie besser zu behalten. Manchmal schreibe ich auch Zusammenfassungen der Artikel.

Jonas: Das klingt nach einer guten Strategie. Ich werde es auch versuchen. Danke für die Tipps, Maria!

Maria: Kein Problem, Jonas. Viel Spaß und Erfolg beim Lesen!

1. **Artikel**: Article
2. **Diskutieren**: Discuss
3. **Erklärungen**: Explanations
4. **Fachbegriffe**: Technical terms
5. **Fachwörter**: Technical words
6. **Glossar**: Glossary
7. **Heise Online**: Heise Online (tech website)
8. **Internet der Dinge (IoT)**: Internet of Things (IoT)
9. **KI (Künstliche Intelligenz)**: AI (Artificial Intelligence)
10. **Nachrichten**: News
11. **Notizen machen**: To make notes
12. **Programmieren**: Programming
13. **Spiegel Online**: Spiegel Online (news website)
14. **Technologietrends**: Technology trends

15. **Überfordert**: Overwhelmed
16. **Übersetzungs-App**: Translation app
17. **Wörterbuch**: Dictionary
18. **Zusammenfassungen**: Summaries

Joining tech discussions in German online forums and communities

Mitmachen bei Technik-Diskussionen in deutschen Online-Foren und Communities

Wenn Sie sich für Technologie interessieren und Ihr Deutsch verbessern möchten, ist die Teilnahme an Diskussionen in deutschen Online-Foren und Tech-Communities eine großartige Möglichkeit. Hier sind einige Tipps, wie Sie erfolgreich teilnehmen können:

1. Finden Sie die richtigen Foren und Communities:

- Suchen Sie nach deutschen Tech-Foren und Online-Communities. Beliebte Seiten sind zum Beispiel „Heise Online Forum" oder „ComputerBase Forum".

- Es gibt auch spezialisierte Foren für bestimmte Technologien wie KI, IoT oder Blockchain.

2. Registrieren und Profil erstellen:

- Melden Sie sich in dem Forum an und erstellen Sie ein Benutzerprofil.

- Geben Sie einige Informationen über sich und Ihre Interessen an. So wissen andere Mitglieder, wer Sie sind.

3. Lesen Sie zuerst die Beiträge:

- Lesen Sie die Diskussionen, bevor Sie selbst etwas schreiben. So bekommen Sie ein Gefühl für den Ton und die Themen des Forums.

- Achten Sie auf die Regeln des Forums. Jedes Forum hat seine eigenen Regeln über das Verhalten und den Umgangston.

4. Beginnen Sie mit kleinen Beiträgen:

- Starten Sie mit kurzen Beiträgen oder Fragen. Zum Beispiel: „Kann mir jemand mehr über IoT erklären?" oder „Was denkt ihr über die neuesten Entwicklungen in der KI?"

- Seien Sie höflich und respektvoll in Ihren Antworten und Kommentaren.

5. Nutzen Sie die Sprache effektiv:

- Verwenden Sie einfaches und klares Deutsch. Sie müssen nicht kompliziert schreiben, um verstanden zu werden.

- Wenn Sie ein neues Wort lernen, versuchen Sie, es in Ihren Beiträgen zu verwenden.

6. Seien Sie aktiv und regelmäßig dabei:

- Je öfter Sie teilnehmen, desto besser werden Sie die Community und die Themen kennen.

- Beteiligen Sie sich regelmäßig an Diskussionen, um Ihre Sprachkenntnisse zu verbessern und Ihr Wissen über Technologie zu erweitern.

Durch die aktive Teilnahme in deutschen Tech-Foren und Communities können Sie nicht nur Ihr technisches Wissen erweitern, sondern auch Ihre Deutschkenntnisse in einem praktischen Kontext verbessern. Viel Spaß und Erfolg!

1. **Beiträge**: Posts
2. **Benutzerprofil**: User profile
3. **Blockchain**: Blockchain
4. **ComputerBase Forum**: ComputerBase Forum
5. **Diskussionen**: Discussions
6. **Foren**: Forums
7. **Heise Online Forum**: Heise Online Forum
8. **IoT (Internet der Dinge)**: IoT (Internet of Things)
9. **KI (Künstliche Intelligenz)**: AI (Artificial Intelligence)
10. **Kommentaren**: Comments
11. **Mitglieder**: Members
12. **Regeln des Forums**: Forum rules
13. **Registrieren**: Register
14. **Sprachkenntnisse**: Language skills
15. **Technologien**: Technologies
16. **Themen**: Topics
17. **Umgangston**: Tone of conversation
18. **Verhalten**: Behavior

Gespräch zwischen Erik und Julia über die Teilnahme in deutschen Tech-Foren

Erik: Hallo Julia, ich habe gehört, du bist in einigen deutschen Tech-Foren aktiv. Ich würde auch gerne mitmachen, aber ich bin mir nicht sicher, wie ich anfangen soll.

Julia: Hallo Erik! Ja, ich bin in ein paar Foren aktiv. Am Anfang ist es wichtig, die richtigen Foren zu finden. „Heise Online Forum" und „ComputerBase Forum" sind gute Orte, um zu starten.

Erik: Das klingt gut. Und was mache ich nach dem Finden eines Forums?

Julia: Zuerst musst du dich registrieren und ein Profil erstellen. Gib einige Informationen über dich und deine Interessen an. So wissen andere, wer du bist.

Erik: Verstanden. Und wie gehe ich vor, wenn ich an Diskussionen teilnehmen möchte?

Julia: Lies zuerst die Beiträge, um ein Gefühl für den Ton und die Themen zu bekommen. Es ist auch wichtig, die Regeln des Forums zu beachten.

Erik: Sollte ich gleich mit meinen eigenen Themen beginnen?

Julia: Es ist besser, mit kleinen Beiträgen zu beginnen. Stelle eine Frage wie „Kann mir jemand mehr über IoT erklären?" oder kommentiere etwas zu aktuellen Themen.

Erik: Das klingt machbar. Wie kann ich sicherstellen, dass meine Beiträge verstanden werden?

Julia: Verwende einfaches und klares Deutsch. Du musst nicht kompliziert schreiben. Und wenn du neue Wörter lernst, versuche, sie in deinen Beiträgen zu verwenden.

Erik: Ich mache mir ein bisschen Sorgen, dass ich nicht genug beitragen kann.

Julia: Keine Sorge. Je öfter du teilnimmst, desto besser wirst du. Beteilige dich regelmäßig an Diskussionen, um deine Sprachkenntnisse und dein Technikwissen zu verbessern.

Erik: Das klingt ermutigend. Danke für die Tipps, Julia. Ich werde es versuchen!

Julia: Gern geschehen, Erik. Viel Erfolg und Spaß dabei!

1. **Aktiv**: Active
2. **Anfangen**: Start
3. **Beiträge**: Posts
4. **Beteiligen**: Participate
5. **ComputerBase Forum**: ComputerBase Forum
6. **Diskussionen**: Discussions
7. **Einfach**: Simple
8. **Ermutigend**: Encouraging
9. **Foren**: Forums
10. **Gefühl**: Feeling
11. **Heise Online Forum**: Heise Online Forum
12. **Interessen**: Interests
13. **IoT (Internet der Dinge)**: IoT (Internet of Things)
14. **Kommentieren**: Comment
15. **Machen**: Do
16. **Mitmachen**: Join in
17. **Profil erstellen**: Create a profile
18. **Regeln**: Rules
19. **Registrieren**: Register
20. **Sprachkenntnisse**: Language skills
21. **Technikwissen**: Technical knowledge
22. **Teilnehmen**: Participate
23. **Themen**: Topics
24. **Ton**: Tone
25. **Verstanden**: Understood
26. **Wörter**: Words

Chapter 8: Advanced Learning and Immersion Tools

Recommendations for German tech blogs, podcasts, and vlogs

Empfehlungen für deutsche Tech-Blogs, Podcasts und Vlogs

Wenn Sie Ihre Deutschkenntnisse verbessern und gleichzeitig mehr über Technologie lernen möchten, sind deutsche Tech-Blogs, Podcasts und Vlogs eine großartige Ressource. Hier sind einige Empfehlungen:

1. Deutsche Tech-Blogs:

- **Heise Online:** Ein sehr bekannter deutscher Tech-Blog, der über verschiedene Technologiethemen berichtet. Perfekt, um über die neuesten Trends informiert zu bleiben.

- **Golem.de:** Dieser Blog bietet tiefgreifende Analysen und Nachrichten über die IT- und Tech-Welt. Die Artikel sind informativ und decken eine breite Palette von Themen ab.

2. Deutsche Tech-Podcasts:

- **Der c't uplink Podcast:** Dies ist der Podcast der bekannten Computerzeitschrift „c't". Hier werden aktuelle Themen aus der Welt der Technologie besprochen.

- **Bits und so:** Ein weiterer beliebter Tech-Podcast, der sich mit allem rund um Apple-Produkte, Gadgets und Software beschäftigt.

3. Deutsche Tech-Vlogs:

- **AlexiBexi:** Dieser Vlogger bietet eine unterhaltsame Mischung aus Produkttests, Technologie-News und persönlichen Meinungen. Seine Videos sind nicht nur informativ, sondern auch unterhaltsam.

- **SemperVideo:** In diesem Kanal finden Sie kurze und prägnante Tutorials und Erklärungen zu verschiedenen Tech-Themen. Sehr nützlich, um praktische Kenntnisse zu erwerben.

Tipps für die Nutzung dieser Ressourcen:

- Wählen Sie Themen, die Sie interessieren, um die Motivation beim Lernen zu erhalten.

- Versuchen Sie, regelmäßig Inhalte zu konsumieren, um sowohl Ihr technisches Wissen als auch Ihre Sprachkenntnisse zu verbessern.

- Nutzen Sie Untertitel oder Transkriptionen, falls verfügbar, um das Verständnis zu erleichtern.

Indem Sie diese Blogs, Podcasts und Vlogs regelmäßig nutzen, können Sie nicht nur Ihr Wissen über aktuelle Technologien erweitern, sondern auch Ihre Deutschkenntnisse in einem spannenden und relevanten Kontext verbessern. Viel Spaß beim Entdecken und Lernen!

1. **Analysen**: Analyses
2. **Apple-Produkte**: Apple products
3. **Bits und so**: Bits and so (name of a podcast)
4. **c't**: c't (name of a computer magazine)
5. **c't uplink Podcast**: c't uplink Podcast
6. **Decken**: Cover
7. **Der c't uplink Podcast**: The c't uplink Podcast
8. **Empfehlungen**: Recommendations
9. **Erklärungen**: Explanations
10. **Golem.de**: Golem.de (name of a tech blog)
11. **Heise Online**: Heise Online (name of a tech blog)
12. **Informativ**: Informative
13. **Inhalte**: Contents
14. **IT- und Tech-Welt**: IT and tech world
15. **Kenntnisse**: Knowledge
16. **Konsumieren**: Consume
17. **Mischung**: Mix
18. **Nachrichten**: News
19. **Perfekt**: Perfect
20. **Persönlichen Meinungen**: Personal opinions
21. **Produkttests**: Product tests

22. **Ressource**: Resource
23. **SemperVideo**: SemperVideo (name of a tech vlog channel)
24. **Tech-Themen**: Tech topics
25. **Technologie-News**: Technology news
26. **Themen**: Topics
27. **Transkriptionen**: Transcriptions
28. **Untertitel**: Subtitles

Information about tech meetups, workshops, and conferences for language immersion

Informationen über Tech-Meetups, Workshops und Konferenzen zur Sprachimmersion

Wenn Sie Ihre Deutschkenntnisse verbessern möchten und sich für Technologie interessieren, sind Tech-Meetups, Workshops und Konferenzen eine hervorragende Möglichkeit, beides zu verbinden. Hier sind einige nützliche Informationen dazu:

1. Tech-Meetups:

- Tech-Meetups sind informelle Treffen, bei denen sich Menschen mit Interesse an Technologie austauschen.

- In Deutschland finden in vielen Städten regelmäßig Tech-Meetups statt. Beispiele sind Berlin, München und Hamburg.

- Dort können Sie mit deutschen Tech-Experten sprechen und Ihr Deutsch in einer entspannten Atmosphäre üben.

- Websites wie Meetup.com listen viele dieser Veranstaltungen auf.

2. Tech-Workshops:

- Tech-Workshops bieten eine praktische Möglichkeit, neue Fähigkeiten zu lernen und gleichzeitig Deutsch zu üben.

- Viele dieser Workshops konzentrieren sich auf spezifische Themen wie Programmierung, Webentwicklung oder Data Science.

- Solche Veranstaltungen können Sie oft an Universitäten oder in Tech-Hubs finden.

3. Tech-Konferenzen:

- Tech-Konferenzen sind größere Veranstaltungen, bei denen Experten über die neuesten Technologietrends sprechen.

- Sie bieten eine hervorragende Gelegenheit, in die deutsche Sprache einzutauchen und gleichzeitig Ihr Fachwissen zu erweitern.

- Beispiele für solche Konferenzen in Deutschland sind die re:publica in Berlin oder die CeBIT in Hannover.

Tipps für die Teilnahme:

- Seien Sie aktiv und versuchen Sie, mit anderen Teilnehmern ins Gespräch zu kommen. Das hilft Ihnen, Ihr Deutsch zu verbessern.

- Bereiten Sie sich auf die Veranstaltungen vor, indem Sie relevante Fachbegriffe lernen.

- Trauen Sie sich, Fragen zu stellen und Diskussionen zu führen. Das ist eine gute Übung für Ihre Sprachkenntnisse.

Durch die Teilnahme an Tech-Meetups, Workshops und Konferenzen können Sie nicht nur Ihr technisches Wissen erweitern, sondern auch Ihre Deutschkenntnisse in einem fachspezifischen und praktischen Kontext verbessern. Nutzen Sie diese Möglichkeiten zur Sprachimmersion und zum Netzwerken. Viel Erfolg!

1. **Atmosphäre**: Atmosphere
2. **Austauschen**: Exchange
3. **Beispiele**: Examples
4. **CeBIT**: CeBIT (name of a conference)
5. **Deutschkenntnisse**: German skills
6. **Diskussionen**: Discussions
7. **Entspannten**: Relaxed
8. **Experten**: Experts
9. **Fachbegriffe**: Technical terms
10. **Fachspezifischen**: Subject-specific
11. **Fachwissen**: Expert knowledge
12. **Gelegenheit**: Opportunity
13. **Informelle**: Informal
14. **Interesse**: Interest
15. **Konzentrieren**: Focus on
16. **Konferenzen**: Conferences
17. **München**: Munich
18. **Netzwerken**: Networking
19. **Neuesten**: Latest

20. **Programmierung**: Programming
21. **Re:publica**: Re:publica (name of a conference)
22. **Regelmäßig**: Regularly
23. **Sprachimmersion**: Language immersion
24. **Sprachkenntnisse**: Language skills
25. **Städten**: Cities
26. **Teilnahme**: Participation
27. **Teilnehmern**: Participants
28. **Technologietrends**: Technology trends
29. **Tech-Experten**: Tech experts
30. **Tech-Konferenzen**: Tech conferences
31. **Trauen**: Dare
32. **Üben**: Practice
33. **Universitäten**: Universities
34. **Veranstaltungen**: Events
35. **Versuchen**: Try
36. **Webentwicklung**: Web development

Advanced online platforms and apps for refining German language skills

Fortgeschrittene Online-Plattformen und Apps zur Verbesserung der Deutschkenntnisse

Für diejenigen, die ihre Deutschkenntnisse vertiefen möchten, besonders im Bereich Technologie, gibt es zahlreiche Online-Plattformen und Apps. Diese können Ihnen helfen, Ihre Sprachfähigkeiten auf ein höheres Niveau zu bringen. Hier sind einige Empfehlungen:

1. Duolingo:

- Duolingo ist eine beliebte Sprachlern-App, die spielerisch Deutsch lehren kann.

- Sie bietet viele Übungen zum Lesen, Schreiben, Hören und Sprechen.

- Duolingo hat auch spezielle Lektionen zu verschiedenen Themen, einschließlich Technologie.

2. Babbel:

- Babbel ist eine weitere hervorragende App zum Erlernen der deutschen Sprache.

- Die Lektionen sind praxisnah und auf echte Gesprächssituationen ausgerichtet.

- Babbel bietet auch fortgeschrittene Kurse, die Ihnen helfen, Ihr Deutsch zu perfektionieren.

3. Tandem:

- Tandem ist eine App, die Sprachaustausch ermöglicht. Sie können mit Muttersprachlern chatten und Ihre Sprachkenntnisse üben.

- Diese App ist ideal, um informelle Konversation und spezifischen Wortschatz zu üben.

4. Deutsche Welle (DW):

- DW bietet eine Vielzahl von Ressourcen zum Deutschlernen, darunter Online-Kurse, Videos und Artikel.

- Besonders interessant sind die Nachrichten und Artikel über aktuelle Ereignisse, die auch für Tech-Interessierte relevant sind.

5. Memrise:

- Memrise verwendet Gedächtnistechniken, um das Lernen von Vokabeln und Phrasen zu erleichtern.

- Die App bietet auch Kurse mit spezifischem Fokus auf Beruf und Karriere, einschließlich technischer Berufe.

Tipps für die Nutzung dieser Ressourcen:

- Setzen Sie sich klare Lernziele und üben Sie regelmäßig.

- Kombinieren Sie verschiedene Ressourcen, um verschiedene Aspekte der Sprache zu üben, wie Grammatik, Wortschatz und Aussprache.

- Nutzen Sie die Möglichkeiten zum Sprechen und Schreiben, um Ihre Kommunikationsfähigkeiten aktiv zu verbessern.

Mit diesen Online-Plattformen und Apps können Sie Ihre Deutschkenntnisse effektiv verbessern und sich gleichzeitig auf den Bereich Technologie konzentrieren. Viel Erfolg beim Lernen!

1. **Aktuelle Ereignisse**: Current events
2. **Aussprache**: Pronunciation
3. **Babbel**: Babbel (name of an app)
4. **Beruf**: Profession
5. **Chatten**: Chat
6. **Deutsche Welle (DW)**: Deutsche Welle (DW)
7. **Duolingo**: Duolingo (name of an app)
8. **Echtes**: Real
9. **Effektiv**: Effective
10. **Erlernen**: Learn
11. **Fortgeschrittene**: Advanced
12. **Gedächtnistechniken**: Memory techniques
13. **Gesprächssituationen**: Conversational situations
14. **Grammatik**: Grammar
15. **Hören**: Listening

16. **Karriere**: Career
17. **Kommunikationsfähigkeiten**: Communication skills
18. **Kurse**: Courses
19. **Lektionen**: Lessons
20. **Lesen**: Reading
21. **Lernziele**: Learning objectives
22. **Memrise**: Memrise (name of an app)
23. **Muttersprachlern**: Native speakers
24. **Nachrichten**: News
25. **Online-Plattformen**: Online platforms
26. **Perfektionieren**: Perfect
27. **Praxisnah**: Practical
28. **Regelmäßig**: Regularly
29. **Ressourcen**: Resources
30. **Schreiben**: Writing
31. **Sprechen**: Speaking
32. **Sprachaustausch**: Language exchange
33. **Sprachkenntnisse**: Language skills
34. **Spielerisch**: Playful
35. **Tandem**: Tandem (name of an app)
36. **Technologie**: Technology
37. **Themen**: Topics
38. **Übungen**: Exercises
39. **Verbessern**: Improve
40. **Vokabeln**: Vocabulary
41. **Wortschatz**: Vocabulary

Conclusion

Strategies for continual improvement in tech-related German

Schlussfolgerung: Strategien zur kontinuierlichen Verbesserung im technikbezogenen Deutsch

Das Erlernen der deutschen Sprache, besonders im Bereich der Technologie, ist eine fortlaufende Reise. Hier sind einige Strategien, die Ihnen helfen können, Ihre Kenntnisse kontinuierlich zu verbessern:

1. Regelmäßiges Üben:

- Üben Sie täglich Deutsch, um Ihre Sprachkenntnisse zu verbessern. Selbst kurze Übungseinheiten sind hilfreich.

- Nutzen Sie Apps und Online-Plattformen, um regelmäßig zu lernen.

2. Lesen und Hören:

- Lesen Sie deutsche Tech-Blogs und Nachrichten. Das hilft Ihnen, neues Vokabular zu lernen und zu verstehen, wie es in Kontext verwendet wird.

- Hören Sie deutsche Podcasts und schauen Sie Vlogs, um Ihre Hörverständnisfähigkeiten zu verbessern.

3. Aktive Teilnahme:

- Beteiligen Sie sich an Diskussionen in deutschen Tech-Foren und Communities. Das gibt Ihnen die Möglichkeit, Ihre Sprachfähigkeiten zu üben und Feedback zu erhalten.

- Versuchen Sie, in Ihrer Arbeit oder in Studienprojekten Deutsch zu verwenden.

4. Sprachaustausch und Netzwerken:

- Nutzen Sie Sprachaustausch-Apps oder -Treffen, um mit Muttersprachlern zu sprechen. Das hilft beim Sprechen und Verstehen.

- Gehen Sie zu Meetups und Workshops, um Ihr Netzwerk zu erweitern und praktische Erfahrungen zu sammeln.

5. Fortlaufendes Lernen:

- Bleiben Sie neugierig und offen für neues Wissen. Die Technologiebranche entwickelt sich ständig weiter, ebenso wie die Sprache.
- Besuchen Sie fortgeschrittene Kurse oder Webinare, um Ihre Fachkenntnisse und Sprachfähigkeiten zu vertiefen.

6. Selbstbewertung und Ziele setzen:

- Bewerten Sie regelmäßig Ihre Fortschritte und setzen Sie sich realistische Ziele für Ihre Sprachentwicklung.
- Seien Sie geduldig mit sich selbst. Sprachenlernen benötigt Zeit und Praxis.

7. Allgemeines Lernen

Arbeiten Sie auch an Ihren allgemeinen Sprachfähigkeiten, zum Beispiel mit Büchern wie

German Power Reader

Durch die Anwendung dieser Strategien können Sie Ihre Kenntnisse im technikbezogenen Deutsch kontinuierlich verbessern. Denken Sie daran, dass jede kleine Anstrengung zählt und Sie Ihrem Ziel, fließend Deutsch zu sprechen, näher bringt. Viel Erfolg!

1. **Aktive Teilnahme**: Active participation

2. **Beteiligen**: Participate
3. **Diskussionen**: Discussions
4. **Fortgeschrittene Kurse**: Advanced courses
5. **Fortlaufendes Lernen**: Continuous learning
6. **Geduldig**: Patient
7. **Hörverständnisfähigkeiten**: Listening comprehension skills
8. **Kontext**: Context
9. **Lesen**: Reading
10. **Muttersprachlern**: Native speakers
11. **Nachrichten**: News
12. **Netzwerken**: Networking
13. **Neugierig**: Curious
14. **Online-Plattformen**: Online platforms
15. **Praxis**: Practice
16. **Regelmäßiges Üben**: Regular practice
17. **Selbstbewertung**: Self-assessment
18. **Sprachaustausch**: Language exchange
19. **Sprachentwicklung**: Language development
20. **Sprachfähigkeiten**: Language skills
21. **Sprachenlernen**: Language learning
22. **Studienprojekten**: Study projects
23. **Technologiebranche**: Technology sector
24. **Übungseinheiten**: Practice units
25. **Webinare**: Webinars
26. **Ziele setzen**: Set goals
27. **Zuhören**: Listening

Encouraging active participation in German tech communities

Förderung der aktiven Teilnahme in deutschen Tech-Communities

Aktive Teilnahme in deutschen Tech-Communities ist sehr wichtig, um Ihre Sprachkenntnisse zu verbessern und sich in der deutschen Tech-Welt zu vernetzen. Hier sind einige Tipps, wie Sie aktiv teilnehmen können:

1. Treten Sie deutschen Tech-Communities bei:

- Suchen Sie nach Tech-Communities, die Ihren Interessen entsprechen. Das können Online-Foren, Gruppen in sozialen Medien oder lokale Meetup-Gruppen sein.

- Beliebte Plattformen sind XING, LinkedIn oder Meetup.com, wo Sie viele deutsche Tech-Gruppen finden können.

2. Nehmen Sie an Diskussionen teil:

- Seien Sie nicht schüchtern. Beginnen Sie, in Foren oder Gruppen Fragen zu stellen oder Antworten zu geben.

- Teilen Sie Ihre Meinung oder Erfahrung zu Themen, die Sie interessieren. Das hilft Ihnen, in der Community sichtbarer zu werden.

3. Besuchen Sie Meetups und Veranstaltungen:

- Nutzen Sie die Gelegenheit, persönlich an Tech-Events, Workshops und Meetups teilzunehmen.

- Solche Veranstaltungen sind ideal, um Kontakte zu knüpfen und Ihr gesprochenes Deutsch zu üben.

4. Nutzen Sie deutsche Tech-Ressourcen:

- Lesen Sie deutsche Tech-Blogs, hören Sie Podcasts und schauen Sie Vlogs, um sich über die neuesten Trends zu informieren.

- Dies hilft Ihnen, aktuelle Themen in Diskussionen und Netzwerkgesprächen einzubringen.

5. Engagieren Sie sich in Projekten:

- Beteiligen Sie sich an Open-Source-Projekten oder Gruppenprojekten, die oft von Community-Mitgliedern organisiert werden.

- Dies ist eine ausgezeichnete Möglichkeit, praktische Erfahrungen zu sammeln und gleichzeitig Ihr Netzwerk zu erweitern.

6. Seien Sie geduldig und beständig:

- Sprachlernen und Netzwerken brauchen Zeit. Seien Sie geduldig und bleiben Sie dran, auch wenn es manchmal schwierig scheint.

- Je mehr Sie sich engagieren, desto leichter wird es werden, und Sie werden Ihre Sprachkenntnisse sowie Ihre professionellen Beziehungen verbessern.

Durch aktive Teilnahme in deutschen Tech-Communities können Sie nicht nur Ihre Deutschkenntnisse verbessern, sondern auch wertvolle berufliche Kontakte knüpfen und tiefer in die deutsche Tech-Szene eintauchen. Nutzen Sie diese Gelegenheiten, um sich sowohl sprachlich als auch beruflich weiterzuentwickeln.

1. **Aktive Teilnahme**: Active participation
2. **Beziehungen**: Relationships
3. **Diskussionen**: Discussions
4. **Engagieren**: Engage
5. **Erfahrung**: Experience
6. **Foren**: Forums
7. **Geduldig**: Patient
8. **Gruppen**: Groups
9. **Gruppenprojekten**: Group projects
10. **Interessen**: Interests
11. **Kontakte zu knüpfen**: Networking
12. **Meetup-Gruppen**: Meetup groups
13. **Netzwerkgesprächen**: Networking conversations
14. **Open-Source-Projekten**: Open-source projects
15. **Persönlich**: In person
16. **Praktische Erfahrungen**: Practical experiences

17. **Projekten**: Projects
18. **Ressourcen**: Resources
19. **Schüchtern**: Shy
20. **Sozialen Medien**: Social media
21. **Sprachkenntnisse**: Language skills
22. **Tech-Gruppen**: Tech groups
23. **Tech-Ressourcen**: Tech resources
24. **Tech-Szene**: Tech scene
25. **Themen**: Topics
26. **Veranstaltungen**: Events

**Recap of the key tools and methods for language
advancement**

**Zusammenfassung der wichtigsten Werkzeuge und Methoden
zur Sprachverbesserung**

Um Ihre Deutschkenntnisse, insbesondere im Bereich der
Technologie, kontinuierlich zu verbessern, gibt es verschiedene
Werkzeuge und Methoden. Hier ist eine Zusammenfassung der
wichtigsten:

1. Sprachlern-Apps und Online-Plattformen:

- Nutzen Sie Apps wie Duolingo, Babbel oder Memrise, um täglich
  Deutsch zu üben.

- Diese Apps bieten Übungen zum Lesen, Schreiben, Hören und
  Sprechen und sind ideal für regelmäßiges Lernen.

2. Deutsche Tech-Blogs, Podcasts und Vlogs:

- Lesen Sie deutsche Tech-Blogs wie „Heise Online" oder
  „Golem.de", um Fachwortschatz zu lernen.

- Hören Sie sich Tech-Podcasts an und schauen Sie Vlogs, um Ihr
  Hörverständnis zu verbessern.

3. Teilnahme an deutschen Tech-Communities:

- Engagieren Sie sich in Online-Foren und sozialen Medien-
  Gruppen, um an Diskussionen teilzunehmen.

- Besuchen Sie Meetups und Veranstaltungen, um Ihr gesprochenes
  Deutsch zu üben und Ihr Netzwerk zu erweitern.

4. Deutschsprachige Nachrichten und Artikel:

- Lesen Sie regelmäßig Nachrichten und Artikel auf Deutsch, um
  sich über aktuelle Ereignisse zu informieren und Ihr
  Leseverständnis zu fördern.

5. Sprachaustausch und Konversation:

- Nutzen Sie Sprachaustausch-Apps wie Tandem, um mit
  Muttersprachlern zu sprechen.

- Üben Sie das Sprechen in Alltagssituationen, um Ihre Konversationsfähigkeiten zu verbessern.

6. Fortlaufendes Lernen und Selbstbewertung:

- Setzen Sie sich klare Lernziele und bewerten Sie regelmäßig Ihre Fortschritte.

- Seien Sie geduldig mit sich selbst und erkennen Sie, dass Sprachenlernen Zeit braucht.

7. Lernressourcen des Autors auf

www.briansmith.de

Diese Werkzeuge und Methoden sind effektiv für die stetige Verbesserung Ihrer Deutschkenntnisse im technischen Bereich. Durch regelmäßige Übung und aktive Teilnahme können Sie Ihre Sprachfähigkeiten kontinuierlich verbessern. Bleiben Sie motiviert und nutzen Sie die vielfältigen Ressourcen, die Ihnen zur Verfügung stehen. Viel Erfolg!

1. **Alltagssituationen**: Everyday situations
2. **Artikel**: Articles
3. **Diskussionen**: Discussions
4. **Engagieren**: Engage
5. **Ereignisse**: Events
6. **Fortlaufendes Lernen**: Continuous learning
7. **Geduldig**: Patient
8. **Hörverständnis**: Listening comprehension
9. **Konversation**: Conversation
10. **Konversationsfähigkeiten**: Conversational skills
11. **Lernressourcen**: Learning resources
12. **Lernziele**: Learning goals
13. **Leseverständnis**: Reading comprehension
14. **Muttersprachlern**: Native speakers
15. **Nachrichten**: News
16. **Online-Foren**: Online forums
17. **Regelmäßiges Lernen**: Regular learning

18. **Selbstbewertung**: Self-assessment
19. **Sozialen Medien-Gruppen**: Social media groups
20. **Sprachaustausch-Apps**: Language exchange apps
21. **Sprachlern-Apps**: Language learning apps
22. **Sprachfähigkeiten**: Language skills
23. **Übungen**: Exercises
24. **Veranstaltungen**: Events

German Graded Readers

For more books and E-book options visit:

www.briansmith.de

www.ingramcontent.com/pod-product-compliance
Lightning Source LLC
Chambersburg PA
CBHW052028150726
48002CB00002B/507